Liderazgo y amistad

Un ministerio que transforma

Jesse Miranda

HACIA UN NUEVO MILENIO

La misión de Editorial Vida es proporcionar los recursos necesarios a fin de alcanzar a las personas para Jesucristo y ayudarlas a crecer en su fe.

ISBN 0-8297-0373-X
Categoría: Liderazgo

Cubierta diseñada por José Garcés

Printed in the United States of America
98 99 00 01 02 03 04 * 7 6 5 4 3 2

Índice

Prólogo

El liderazgo, como sucede con el arte, pierde su atractivo cuando se describe sólo con palabras. El liderazgo es inspirador y encantador, y es también complejo y frustrante. Después de cuarenta años de liderazgo, todavía el tema me resulta un misterio. Si sobre el asunto nadie me pregunta, tengo todas las respuestas; pero si me preguntan, no sé nada. En semejante dilema me encontré al disponerme a escribir este libro.

Sin embargo me estimula saber que los versados en la materia coinciden en que el liderazgo es uno de los temas más estudiados de las ciencias sociales y a su vez uno de los menos entendidos. Esto me ayuda a comprender por qué el liderazgo de hoy afronta tantos conflictos. Por un lado, la credibilidad y la imagen positiva del liderazgo se han deteriorado. El respeto y el honor del líder no es lo que era antes, y hay líderes que dirigen a otros sin todavía poder gobernarse a sí mismos. Por otro lado, la actitud de los seguidores se ha complicado. Un veterano líder me confió lo siguiente: "La gente hace un tiempo era más sencilla y sincera y nos permitía dirigirla. Hoy día la gente es más complicada y no permite fácilmente que se le dirija."

Asimismo se manifiesta una disminución del compromiso de parte tanto de los líderes como de sus seguidores. Muchas iglesias o grupos ministeriales sufren de falta de dirección o de exceso de administración; sus líderes padecen la ausencia de integridad o de destreza. Parte de ello se debe a que se confunde el papel del líder con la función de un administrador o gerente. El gerente es aquel que hace las cosas bien, pero el líder es aquel que hace lo que hay que hacer.

Por eso hoy más que nunca se necesitan líderes transformativos. El gerente es valioso al ministerio de una iglesia, pero el líder es el que le da a la iglesia o a la organización su visión. El líder es quien tiene la capacidad para traducir esa visión en realidad, al influir y guiar con acertada dirección, curso, acción y opinión.

¿Por qué otro libro sobre liderazgo? Nuestro propósito es promover un tipo de liderazgo transformativo y dinámico. Con tal fin presentamos un modelo de relación donde se muestra al líder como amigo y líder principal.

Aquí se habla de amigo en calidad de compañero y no como una correspondencia de tipo amiguista. El enfoque está en la naturaleza de la relación. Hablamos de un líder que vive con integridad ante la sociedad y que, como Jesús, goza del trato íntimo con sus seguidores. Lo hace con destreza, ganándose su confianza y consiguiendo su compromiso para juntos convertir una visión en realidad.

Se usará como ejemplo la vida del rey David para identificar los principios de este modelo doble amigo-principal que proponemos. Fue Jesús, el hijo de David, quien nos dio este modelo, al decir: "Ya no os llamo siervos . . . pero os he llamado amigos" (Juan 15:15).

Este libro se escribió para líderes presentes y futuros, líderes del clero y líderes laicos, dentro del contexto y las expectativas de la comunidad evangélica hispana. Deseamos fomentar un liderazgo transformativo a través de líderes transformados.

INTRODUCCIÓN

Capítulo 1

Una mirada al liderazgo

UN VISTAZO AL PASADO

Desde niño aspiré a ser líder, aun cuando la palabra "líder" ni siquiera estaba en mi vocabulario. Vivía en el barrio pobre de la ciudad. Yo tenía muy pocos juguetes con los cuales satisfacer la imaginación. Pero en el patio de nuestra casa había autos viejos y abandonados.

Recuerdo que los tiempos más divertidos eran cuando reunía a mis amigos del barrio para jugar en los autos viejos. Yo me sentaba al volante. Mis amigos se sentaban al lado y en los asientos de atrás. "Hoy vamos a California", les decía. Yo sólo conocía el estado de Nuevo Méjico, donde vivíamos. No salí del barrio hasta la edad de doce años. Pero en la imaginación hice gran cantidad de viajes por desiertos, valles, montes y collados.

Recuerdo oír hablar también a los ancianos del barrio referente a los autos viejos: "Un día me jubilo del aserradero. Dejaré de cortar madera y regresaré a Méjico. Pienso comprar unas vaquitas y una casita. Viviré muy tranquilo el resto de mi vida. ¿Ves ese carro? Sí, aquél. Es muy buen carro. Le faltan las llantas y el motor, pero es un buen carro. Ese es el que me llevará a Méjico." Así soñaban aquellos ancianos.

Al pasar los años todo cambió en el barrio. Los niños llegamos a la juventud. El gobierno municipal limpió el barrio y botó los autos viejos. Mis vecinos ancianos murieron y fueron sepultados en un cementerio cercano. Nunca pudieron regresar a la tierra de sus sueños. Pero murieron contentos, soñando.

Cuando hoy pienso en aquellos días de mi niñez, ya no recuerdo los autos viejos. Lo que me viene a la mente es el espíritu humano e imaginativo de los niños y la sabiduría y la experiencia de los ancianos. Me tomó cuarenta años para entender que uno de los secretos del liderazgo es soldar la imaginación con la experiencia. Hoy veo líderes sobresalientes que ejercen esas dos facultades. Han descubierto un gran secreto.

Los líderes nacen y se hacen

Nacen los niños con imaginación y, a través de sus experiencias positivas, se convierten en líderes eficientes. El imaginar es tan natural como el pensar, el querer o el sentir. Con la mente se piensa, con el alma se desea y con el espíritu humano uno aspira, uno imagina. El alma nos pone en relación con el cuerpo, la mente con la inteligencia y el espíritu con Dios. De allí la magnitud de la esperanza en la naturaleza humana.

Esta certeza es el semillero del líder, siempre que no se le dificulte el desarrollo. Muchos líderes no se desarrollan hoy día no porque les falte fe, sino porque les falta confianza. En otros líderes el impedimento es la subestimación que resulta del poco impacto que tiene su ministerio. Nos urge, pues, el cultivo y el progreso de todas nuestras facultades por medio del Espíritu de Dios hasta llegar al potencial que tuvimos al nacer.

¿Qué de mis amiguitos del barrio? Para dos de ellos pesaron más en su vida las pesadillas que los sueños. Fueron los pioneros en el barrio con las drogas y finalmente murieron por causa de ellas. Otro niño llegó a ser líder de una pandilla y murió en la prisión federal. Fuimos tres de nosotros los que salimos del barrio para ingresar a una escuela bíblica. Hoy dos son pastores de iglesias en crecimiento, mientras que yo me dedico a preparar líderes en una escuela de teología. No es que fuéramos mejores que aquéllos, pero sí resultaron mejores ciertas influencias en nuestras vidas, como la familia, los amigos y la iglesia. Y, por supuesto, gracias a la misericordia de Dios.

Nuestros pasos no se cruzan muy a menudo porque vivimos en diferentes partes de la nación. Pero cuando sucede, recordamos aquellos días de nuestra niñez. Pero preguntarán ustedes: ¿Por qué era yo siempre el chofer en aquellos días? Pues, les informo: ¡Porque los autos viejos estaban en la propiedad de mi padre!

En un encuentro reciente mis amigos y yo compartimos una nota nostálgica y seria de la jornada de nuestra vida. Contemplamos cuarenta años de ministerio. Nos preguntamos si en nuestros primeros años fue más fácil el liderazgo en el ministerio, o si es que hoy son menos las fuerzas. ¿Será realmente hoy día más complicado el liderazgo o es que vemos las cosas de manera diferente? En realidad, advertimos grandes cambios cuando comparamos los tiempos pasados con el presente. Fue de estas conversaciones que surgió la idea de escribir el presente libro.

UNA MIRADA AL PRESENTE

La valoración del líder ha disminuido en cuanto al respeto y al honor de que antes gozaba. Las encuestas anotan que el temor a lo desconocido y la desconfianza en el liderazgo son las dos preocupaciones principales de la población hoy día. Alguien dijo que existen tres cosas que amenazan con la destrucción del mundo al entrar en el nuevo siglo y milenio: una bomba nuclear, una epidemia global y líderes incompetentes. No sé cómo nos protegeremos de las primeras dos amenazas físicas. Pero la terminación a la amenaza de líderes incompetentes se encuentra en el desarrollo de líderes eficientes y competentes. Tengo la fe en esa posibilidad.

El contexto del tiempo presente y la imagen negativa acerca del liderazgo no crean un ambiente muy propicio para el desarrollo de un liderazgo competente. Existe una situación de apatía, de cambios escalonados e incertidumbre que hace que el liderazgo sea un verdadero desafío.

¿Por qué ha sucedido esto? Pues, como suele suceder en la historia humana, una vez que se pierde el respeto a la autoridad, se pierde la moralidad y finalmente se pierde de vista también lo sagrado. Este es el dilema más serio de la iglesia y de la sociedad hoy día. El corazón del liderazgo es el corazón del líder, y cuando éste falla, falla todo.

Es necesario observar las condiciones generales y la historia del líder de hoy. En primer lugar, **se ha perdido la credibilidad en el liderazgo**. Nunca antes se había escudriñado tanto a los líderes como ahora. Un sentimiento de inseguridad abraza a la sociedad como resultado de décadas de inestabilidad social. Esta inseguridad desvanece la fe que se tenía en aquellas personas que ocupaban posiciones de autoridad. La inocencia en la mente de los seguidores está desapareciendo. Todo se pone en tela de juicio, especialmente lo que tiene que ver con la autoridad. Los escándalos relacionados con líderes cristianos alteraron la confianza en la integridad moral y espiritual del líder en la iglesia y en la sociedad.

En segundo lugar, **la actitud de los seguidores se ha complicado**. Al jubilarse del ministerio, un gran líder me confió lo siguiente: "La gente hace un tiempo era más sencilla y sincera y nos permitía dirigirla. Hoy día la gente es más complicada y no permite fácilmente que se le dirija. Pero hay que buscar la manera de hacerlo." Sin duda, en un tiempo pasado el liderazgo fue más fácil que en estos días. Hay quienes dirán que la gente era más humilde, honrada, leal, más pura de conciencia y sin doble ánimo. La realidad es que el liderazgo se ha convertido en algo más complicado como resultado de los cambios en la naturaleza humana y en la naturaleza del proceso mismo del liderazgo.

Finalmente, **el compromiso del líder y de sus seguidores ha cambiado**. Un compromiso es un sentimiento de obligación. Es la entrega a lo que uno se propone. ¿Hay algún líder a quien no le preocupe la apatía y la falta de motivación por parte de los seguidores? Este cambio ha sido lento pero constante; a tal grado que ha declinado no sólo la determinación, sino también la ética de trabajo.

Tómense por ejemplo los siguientes resultados de una encuesta en la fuerza laboral de los Estados Unidos:

✦ Sólo uno de cada cuatro trabajadores dijo estar trabajando a plena capacidad.

✦ La mitad dijo que no se esforzaba más de lo necesario.

✦ El 75 por ciento confesó poder desempeñar mejor lo que estaba haciendo.

Estos datos reflejan en general la imagen negativa que existe acerca del liderazgo. La reputación del líder hoy día no es la mejor y no acarrea mucho respeto. Algunos dirán que es parte del espíritu de estos tiempos. ¿De dónde procede esta actitud? Tiene sus raíces en la historia reciente de la sociedad. Es una condición que empezó hace cuatro décadas y ha dejado un efecto negativo en el liderazgo del mundo entero.

Hay que recordar que después de la segunda Guerra Mundial el mundo se recuperó y comenzó a gozar de un período de prosperidad económica. Europa y Japón lograron salir de los escombros y las ruinas en que habían quedado. Los Estados Unidos también se recuperó y dio inicio a una época apacible y amena que duró hasta la década de los años cincuenta.

Pero las décadas subsiguientes trajeron grandes cambios sociales que provocaron una gran inestabilidad nacional y mundial. Desde 1960 hasta el presente hubo cambios con repercusiones serias en el liderazgo moderno, particularmente en los Estados Unidos. Quiero mencionar de manera muy breve algunas pérdidas que creo ocurrieron y que afectaron directamente nuestro concepto y sentir sobre el liderazgo.

En los años 60 se perdió la *confianza* en el liderazgo

Principalmente hubo conflictos civiles que crearon un estado de rebelión. Las tensiones raciales demandaron acciones gubernamentales. Fueron asesinados los dos líderes que encabezaban la lucha hacia la paz y por el orden civil. El presidente John F. Kennedy fue asesinado a balazos en las calles de Dallas, Tejas. El líder civil Martin Luther King fue asesinado al salir de su cuarto en un hotel. Los efectos de estas tragedias se sintieron en el mundo entero. Dejaron un espíritu de incertidumbre y desconfianza.

En los años 70 se perdió la *credibilidad* en las instituciones

La desconfianza que se creó fue en contra de toda forma de autoridad. Sistemas tales como la política, la educación, la ley, etc., cayeron bajo sospecha por parte del público. La familia como institución sufrió la desconfianza predominante en este tiempo. La cifra de los divorcios aumentó en gran cantidad. Aun la iglesia sufrió y la asistencia de los fieles disminuyó.

En los años 80 se perdió la *competencia* en el comercio

Se perdió el liderazgo en el comercio del que por muchas décadas gozó los Estados Unidos. Los gigantes como *General Motors, Zenith* y otros, cedieron ante las firmas japonesas *Toyota* y *Sony*. Esto no sólo fue un golpe para el orgullo cívico, sino también creó un estado de incertidumbre económica. Se fomentó una nueva dimensión: la competencia global.

En los años 90 se perdió el *carácter* y la ética social

Durante todo este tiempo el espíritu de la gente se estuvo turbando. Y como suele suceder en la vida, el sufrimiento y la prueba sacan lo mejor o lo peor de cada uno. En este caso, fue para peor. Quizá hubo un tiempo en que la gente era humilde, honrada, leal y más pura de conciencia. Ahora resultó una tendencia mayor al engaño y a la hipocresía. El gran cambio se produjo en la actitud. Se degradó la honestidad y la integridad social y cívica. El crimen aumentó. Los fraudes se incrementaron.

Cierto también es que hubo muchos acontecimientos positivos durante estas cuatro décadas. No todo fue negativo. Por ejemplo, uno de los más grandes avivamientos en la historia de la iglesia moderna tuvo lugar durante este período. Mediante el movimiento *Jesus People* miles de jóvenes se convirtieron al Señor. Habían perdido la fe en el sistema social, pero depositaron su fe en Jesús. Llenaron las bancas de muchas iglesias. Cuando algunas iglesias resultaron demasiado tradicionales y cerradas para recibir a estos jóvenes, ellos establecieron sus propias iglesias. Estos jóvenes terminaron por ser líderes espirituales y hoy son líderes maduros que sirven a la iglesia del Señor.

No obstante, fue un período con serias consecuencias generales para el liderazgo de la nación y de la iglesia. Se perdió la confianza, la credibilidad, y la competencia del cargo del líder, y el carácter de las personas que ejercían el liderazgo. Se forjó un ambiente cuyos efectos todavía sentimos en la sociedad y en las iglesias. Todos estos acontecimientos afectaron a los Estados Unidos y a los países donde esta nación tiene influencia.[1]

---

1   David McKenna, *Power to Follow, Grace to Lead*, página 11.

¿Cuáles son, entonces, las implicaciones de dichas condiciones para el pueblo hispano? Usaré el término *hispano* porque es más inclusivo y abarca a todos aquellos pueblos y personas cuyo origen es español, incluyendo a las personas de las islas del Caribe; aunque reconozco que la palabra *latino* es más común para los que viven en el resto del continente.

Veo dos consecuencias obrando en el liderazgo del hispano de América del Norte. Primero, los que vivimos en Norteamérica estamos muy afectados por la apatía anteriormente mencionada, al margen de que la mayor parte de los estudios y las discusiones sobre el liderazgo viene desde una perspectiva norteamericana. Segundo, existen diferencias muy notables entre la cultura norteamericana y la cultura del hispano, ya sea de Norteamérica o de América Latina. Mencionaré sólo algunas de las diferencias culturales entre el angloamericano y el hispanoamericano, las cuales constituyen todo un desafío para la teoría del liderazgo.

Comparación entre las dos culturas

Angloamericano

Hispanoamericano

Tradición protestante

Tradición católica

Estilo de vida casero

Estilo de vida de aire libre

Orientación hacia las metas

Orientación hacia el proceso

Orientación racional

Orientación intuitiva

Valores

Angloamericano	Hispanoamericano
Individual	Comunal
Precisión	Relación
Verdad	Cortesía
Autonomía	Honor
Confianza en sí mismo	Jerárquico

Manera de pensar

Angloamericano	Hispanoamericano
Lineal	Cíclica
Lógica	Retórica
Analítica	Integral
Secuencial	Espiral

Comunicación

Angloamericano	Hispanoamericano
Hechos	Metáforas
Directa	Indirecta

Primera persona   Tercera persona
Voz activa   Voz pasiva

Solución a problemas

Resolución	Solidaridad
Expresivo	Reservado
Confrontación	Acomodación
Negociar	Armonizar

En algunos casos estas diferencias están exageradas y simplificadas. No todas son ciertas de toda persona. Sin embargo, nos sirven para hacer notar que estas disparidades tienen que tomarse en cuenta a la hora de dirigir a la población hispana. Digo esto porque creo que en el futuro el número de hispanos será mayor y también se demandará una comprensión más acertada de su hispanidad.

"OS HE LLAMADO AMIGOS"

En el año 1988 recibí el llamado de Dios para ser el superintendente de doscientas congregaciones hispanas de las Asambleas de Dios en la costa del Pacífico, desde Méjico hasta Canadá. Ya había servido en otras obligaciones por más de quince años, de manera que ya conocía las necesidades del pueblo. No obstante, la nueva posición era un gran reto para mi trayectoria como líder.

Nos lanzamos juntos doscientos pastores, doscientos ministros y miles de líderes hacia un proyecto enorme. La visión era esta: la construcción de oficinas de administración, un dormitorio para el instituto bíblico y un hogar de ancianos. En total fueron cerca de 300 mil pies de construcción. El costo fue calculado en tres millones de dólares. Tenía la responsabilidad de todo esto y a la vez debía supervisar el crecimiento de las congregaciones.

Recuerdo que cuando se supo del proyecto llovieron los consejos y comentarios: "Resulta demasiado grande la visión." "Nunca antes se ha hecho." "La mayoría de los miembros son hispanos pobres." "Los pastores tienen sus propios proyectos." En fin, todas las razones que oye un líder cuando lanza un proyecto.

Dos cosas estaban grabadas en mi mente. Estas dos imágenes me fortalecieron cuando venían las dudas y el temor por este proyecto inmenso. Primero, la visión no era mía, sino de los líderes del pueblo al cual servía. Yo sólo estaba comunicando y dirigiendo lo que oí del pueblo. Había podido captar que no eran edificios lo que a ellos les inspiraba, sino que el cuadro que veían era el de una unidad. Era la unión de unas oficinas en el mismo terreno donde un pueblo se unía para cumplir con el trabajo del Reino. Se veían los líderes de distrito, los jóvenes estudiando para el ministerio y los ministros veteranos teniendo un lugar de retiro. Ese fue el cuadro que constantemente veía en mi mente cada vez que comunicaba al pueblo el lema de Nehemías, diciendo: "Levantémonos y edifiquemos."

La imagen más alentadora fue durante la reunión del presbiterio del distrito. Fue la reunión decisiva. "¿Están seguros de que quieren lanzarse en este proyecto? ¿Han pensado en el costo?" Uno de los presbíteros se levanta y dice: "Sí, estamos listos. Para la mayoría de los que estamos aquí no es una visión nueva. Usted mismo fue nuestro maestro en el instituto bíblico. De esto en una forma u otra hablábamos desde entonces. La visión se ha venido perfilando con el tiempo. Así que ahora hay que levantarse y edificar."

En el salón de clases, en el jardín de la escuela, en el terreno de pelota o en viajes de servicio yo había convivido con los alumnos. Y ahora que ellos y yo estamos en posiciones de liderazgo, se están cosechando los resultados de una amistad. Sin esta relación la visión no se habría logrado; porque muchas veces pensé en abandonar el proyecto, pero la visión y la amistad me impulsaron a seguir adelante. Nos levantamos y edificamos juntos. Se terminó el proyecto. Durante la etapa de construcción las congregaciones del distrito llegaron hasta un total de cuatrocientas. ¡Gracias a Dios por los amigos!

Capítulo 2

Amigo y líder principal de la iglesia

LÍDERES TRANSFORMADOS

El sociólogo James Peacock describe una escena que tuvo lugar en una fábrica de la antigua Unión Soviética. Uno de los trabajadores, al terminar su día de trabajo, salía empujando una carreta. Los guardias a la puerta del taller se asomaban para ver qué llevaba en la carreta. Pero como el vehículo estaba vacío, lo dejaban pasar sin mayores consideraciones. No fue hasta después de tres o cuatro días que se dieron cuenta de que el trabajador se estaba robando las carretas.

El doctor Peacock usa esta anécdota para ilustrar la tendencia humana de poner la mirada en el contenido de las cosas y no en el recipiente. Los ojos reparan en el regalo y no en su caja. Así el *recipiente* del proceso del liderazgo es el líder, y un factor clave es el contexto donde tiene lugar su liderazgo.

El líder como persona seguirá siendo la clave del éxito de la iglesia y de las organizaciones cristianas. Es el líder principal. Como vimos en el capítulo anterior, la posición del líder ha disminuido en cuanto al respeto y el honor del que antes gozaba. Pero precisamente por las condiciones sociales e históricas presentes merece rescatarse de nuevo el respeto al líder y eliminarse los motivos que provocan ese sentimiento de enajenación que prevalece en el liderazgo.

El líder como persona es el eje impulsor del proceso de liderazgo y ministerio. Del líder principal se desprende la visión del futuro. El enfoque de los años recientes ha sido en la función, las técnicas, los métodos y el proceso del liderazgo. Peor aún, el énfasis ha sido sobre las llamadas "Tres Pes": personalidad, poder y posición, que es la razón de la pérdida del respeto y la confianza en el liderazgo. Pero existe la necesidad de volver a fijarnos en el líder como persona, explorar el paisaje interno de la vida del líder mismo y recobrar su identidad e integridad. He ahí el desafío más grande en el liderazgo de hoy: ". . . el que dirige, con diligencia" (Romanos 12:8).

Lo que distingue al líder cristiano, clero y laico, es la experiencia espiritual e integral que trae a su liderazgo. El elemento crítico del liderazgo está en la identidad y la integridad del líder. Es en el carácter y la piedad, no en la personalidad y en el poder, donde radican la integridad y la identidad del líder. El líder cristiano debe orientarse en los principios del liderazgo y no meramente en el éxito. Para él o ella el liderazgo no es un simple experimento pasajero o un profesionalismo despegado, sino algo que nace de una humanidad y una espiritualidad profundas.

Hay esperanzas de que semejante tipo de líder se destaque en el futuro. El porvenir presentará oportunidades para que tales líderes tengan presencia y hagan impresión en la iglesia y en la sociedad. Dice el doctor Ted Engstrom: "Hay tres clases de personas en el mundo: las que no saben lo que está ocurriendo, las que observan lo que está ocurriendo y las que hacen que las cosas ocurran."[2] Un liderazgo transformativo hace que "las cosas ocurran". Líderes transformados serán los líderes de la transformación del futuro.

En este capítulo y en los que siguen se propone un liderazgo de estrecha relación. Se propone al líder como un amigo-principal, que vive con integridad ante la sociedad, practica la intimidad con sus seguidores como Jesús y se gana con destreza la confianza de su comunidad; asimismo encamina su compromiso hacia una visión y junto a sus seguidores convierte esa visión en realidad. Este es un modelo de relación. Se trata aquí de un compañerismo y no de un amiguismo. Uso el término *seguidores* y no *miembros* porque no los considero sinónimos, ya que no todos los miembros son seguidores del líder. Pero uno de los propósitos de este libro es contribuir a estrechar la brecha entre el compromiso de los verdaderos seguidores y el de los simpatizantes.

Se usará en el libro la vida del rey David, a quien el Señor dijo: "Tú pastorearás a mi pueblo Israel, y serás príncipe sobre Israel" (2 Samuel 5:2). Así se ilustrará de manera concreta este modelo. El modelo nace de las palabras íntimas de Jesús, el hijo de David, quien dijo: "Ya no os llamo siervos . . . pero os he llamado amigos" (Juan 15:15).

Pero antes de elaborar este nuevo modelo hay que mencionar algunos desafíos que existen en el campo del liderazgo. Conociendo el ámbito se podrá entender e implementar este modelo de amigo-principal. Son tres los retos que aquí se presentan. Primero, el de las circunstancias presentes y el

---

2   Ted Engstrom, *Un líder no nace, se hace*, página 24.

cambio de paradigma. Luego, el contenido de las definiciones existentes sobre el liderazgo. Y, finalmente, existe el desafío que presenta la creación de nuevos modelos para el liderazgo.

El contexto del líder cambia continuamente

El primero de los desafíos que pone a prueba la identidad y la integridad del líder transformativo es el cambio. El mundo del líder está cambiando cada día más. Estas transformaciones afectan a la persona y al papel o función del líder. Son cambios fundamentales y demandan sabio discernimiento. Estas modificaciones se forman en nuevos patrones o paradigmas. Demandan innovaciones en la estructura organizativa y en las políticas de la iglesia o el grupo. John Naisbitt en su libro *Megatrends* [Megatendencias] señala diez de las inclinaciones o pautas que están afectando a la sociedad y a la iglesia de hoy y que lo harán en el futuro.

De:	A:
Sociedad industrial	Sociedad de información
Tecnología forzada	Alta tecnología
Economía nacional	Economía mundial
Corto plazo	Largo plazo
Centralización	Descentralización
Ayuda institucional	Ayuda personal
Democracia representativa	Democracia participativa
Jerarquías	Redes de trabajo
Norte	Sur
Una de dos opciones	Opción múltiple

Muchos de estos cambios no dejan de repercutir en la iglesia o en grupos cristianos dentro de la iglesia. Nótense algunas de las transformaciones fundamentales que afectan directamente a la iglesia como organización e institución y que también intervienen en el papel del líder. Son cambios que transitan de una forma a otra.

De:	A:
Una persona	Un equipo
Una función	Una influencia
Una actividad	Un proceso
Un programa	Una comunidad
Una tarea	Una relación
Una iglesia regional	Una iglesia global

Un crecimiento	Un avivamiento
Una religión institucional	Una teología del Reino
Una división entre clero y laico	Una comunidad de ministros

Son estos cambios y otros que sucederán los que urgen a una nueva definición del liderazgo cristiano y a una reconsideración del papel del liderazgo. Cuando algo se define se le ponen los límites y los perímetros de su condición y función. Aquí hago referencia a algunos de esos límites puestos en las definiciones de hoy acerca del liderazgo.

LAS DEFINICIONES ACTUALES DEL LIDERAZGO

El contenido del liderazgo se encuentra en sus definiciones actuales. Los estudios modernos sobre el tema aportan más de 350 definiciones relacionadas con el concepto del liderazgo. Para la ciencia social es algo beneficioso, pero todavía es insuficiente para los propósitos del liderazgo cristiano, porque mayormente el énfasis ha sido puesto en las "Tres Pes": personalidad, poder y posición.

Las definiciones actuales no resisten la prueba del tiempo

En una época se creía que las condiciones del liderazgo eran innatas; los líderes, se decía, "nacen, no se hacen", y eran llamados a su destino por medio de algún proceso arcano. Esta era la teoría del Gran Hombre. Según esto, el liderazgo era para un número muy limitado de personas. Era por herencia, sangre y destino. Luego se reemplazó con la idea del *Big Bang*, por medio de la que se explicaba que los grandes hechos se encargaban de convertir gente común y corriente en líderes. Es decir, la situación y los seguidores se combinaban para formar a un líder. Las más recientes son teorías "de contingencia", que abarcan varios elementos del liderazgo. Pero cada día se complica más el campo del liderazgo.

La conclusión a la que han llegado muchos expertos en este campo es a la que defienden Warren Bennis y Burt Nanus, en su libro *Líderes: las cuatro claves del liderazgo eficaz*, la cual es: "Lo mismo que en el amor, se conocía la experiencia del liderazgo, pero nadie podía definirlo. Muchas otras teorías sobre el liderazgo han llegado y han pasado. Ninguna resistió la prueba del tiempo."[3]

3　　Páginas 3–5.

El estudio sobre el liderazgo nos ha aportado más de 350 definiciones pero aún no existe una comprensión clara e inequívoca acerca de qué distingue a un líder de alguien que no lo es. No se sabe con certeza lo que distingue a un líder eficiente de uno ineficiente, y lo que distingue a una organización eficaz de una ineficaz.

Las definiciones actuales son pragmáticas y utilitarias

Es aquí donde encuentro un problema con las definiciones actuales sobre el liderazgo. Las definiciones y funciones del liderazgo de la actualidad, han dejado al líder fuera del centro del proceso mismo del liderazgo. Se ha dejado fuera el carácter, la condición y la substancia del líder mismo.

Las definiciones son pragmáticas y existenciales. Hace falta una definición ontológica que describa al líder como persona, partiendo de su valor esencial e intrínseco. Falta ver al líder por **lo que es** como persona y no sólo **cómo funciona** como individuo. **Lo que hace** el líder es importante, pero **lo que es** el líder tiene igual importancia. No se pueden separar. Se debe atender a la primera dimensión sin desatender a la otra.

Desafortunadamente en el liderazgo de hoy predominan el profesionalismo y el activismo social, y se han descuidado los aspectos personales y espirituales. Esto se refleja en las definiciones que existen en el campo sobre el liderazgo. Raúl Caballero Yoccou, en su libro *El líder conforme al corazón de Dios,* observa que "al intentar un estudio del liderazgo, frecuentemente nos enfrentamos a las características que el mundo tiene para esa función, y al modo de pensar secular de un líder."[4] Es decir, que los factores externos y técnicos del liderazgo toman preferencia sobre los factores internos y personales. Y hace falta el énfasis cristiano y espiritual distintivo.

Dichas características se encuentran aún en las definiciones cristianas sobre el liderazgo. Robert Clinton, en su libro *The Making of a Leader* [La formación del líder], nos dice que el liderazgo es el proceso dinámico en el cual un hombre o una mujer con capacidades dadas por Dios influye a un grupo de personas hacia los propósitos de Dios para dicho grupo. Las palabras clave son *proceso* e *influye.* Poco se habla del carácter del líder en el proceso del liderazgo y de la influencia hacia las metas.

Otra definición cristiana usa las palabras *acto* y *conducta.* Por ejemplo, el doctor Ted Engstrom, en su libro *Un líder no nace, se hace,*[5] dice: "El liderato es un acto o una conducta que requiere el grupo para hacer frente a

---

4   Página 9.
5   Página 24.

sus metas, en vez de ser una condición. Es un acto, bien de palabra o de hecho, para influir en la conducta hacia un fin deseado."

Nótese lo similar de estas dos últimas definiciones a la definición de James Macgregor Burns, una de las personas más reconocidas en el campo secular del estudio del liderazgo en el presente. En su libro *Leadership* [Liderazgo], Burns explica:

> El liderazgo estriba en líderes que logran inducir en sus seguidores el deseo de alcanzar ciertas metas, que representan los valores y las motivaciones (los deseos y las necesidades, las aspiraciones y las expectativas) tanto del líder y como de los seguidores. Y el genio del liderazgo reside en la manera en que los líderes ven y obran en los valores y en las motivaciones suyas y las de sus seguidores.[6]

El foco de estas definiciones y las de otros estudiosos está en el líder como objeto, en **lo que hace** el líder, y no como sujeto. Son muy buenas cualidades, pero no dejan de ser propiedades del líder y atributos substanciales de la personalidad; no dejan de ser pragmáticas y utilitarias.

Las definiciones actuales son de función y no de condición

Cuando estas definiciones tratan sobre la persona del líder, es siempre dentro del marco del carisma o de sus capacidades en relación con otros. Aunque se hace mención de una relación, no se menciona la condición del líder. De manera que el carácter luce como algo externo a la persona, y no interno y de disposición intrínseca.

Una de las mejores y más populares definiciones del liderazgo cristiano es la de Robert Greenleaf, quien introdujo el concepto del líder-sirviente. Sin embargo, ambos términos, líder y siervo, son términos de función. El servicio, aun cuando sea mutuo, es todavía una función del líder y no expresa una relación con quienes se hace dicho servicio. Al menos la imagen no está allí.

Jesús introdujo un término de relación cuando dijo a sus discípulos que ya no los llamaría siervos, sino amigos (Juan 15:15). No fue una posición jerárquica, sino de relación. Hubo una cercanía. El espacio y la distancia entre el Maestro y los discípulos se hicieron más estrechos. La amistad tiene esa capacidad de cerrar brechas. No se puede tener intimidad sin primero tener identidad. Tiene que ser un amigo que corresponda a la amistad. Nadie

---

6   Página 4.

puede dar de lo que no tiene. Uno tiene que ser amigo para tener amistad. Jesús dijo: "Nadie tiene un amor mayor que éste: que uno dé su vida por sus amigos" (Juan 15:13), revelando así el carácter y la condición del líder.

HACIA UN MODELO DE LIDERAZGO DE RELACIÓN

Los elementos de una idea o filosofía sobre el liderazgo son el diseño y el modelo. Por lo tanto, si se desea un modelo para un liderazgo de transformación, se deberá ofrecer un modelo diferente al que ya existe. Y un modelo nuevo consiste en definiciones, principios y procesos también nuevos.

En los últimos diez años han comenzado a circular las definiciones de un nuevo modelo de liderazgo. Se conoce como *liderazgo transformativo*. Autores como Bernard Bass, James Macgregor Burns, Warren Bennis y Burt Nanus han escrito sobre este nuevo modelo de liderazgo, que está reemplazando las ideas y las definiciones actuales.

De un liderazgo de transacción a un liderazgo transformativo

El modelo actual es el liderazgo de transacción. Es un modelo desde una perspectiva del comercio. Aun el modelo del líder-sirviente que tanto se menciona en los círculos cristianos tiene indicios comerciales. Funciona a base de contratos o transacciones, formales o informales, entre una y otra persona. En este caso sería entre el líder y el seguidor. Este modelo dice: "Si tú cumples tu parte del acuerdo, yo cumplo la porción que a mí me corresponde." Un miembro se quejaba diciendo: "Si mi pastor fuera un mejor pastor, yo sería un mejor miembro." Algunos pastores dicen: "Si tuviera mejores miembros, yo sería mejor pastor." Y bajo ese modelo de transacción, ambos dicen la verdad.

En cambio, el modelo que se conoce como liderazgo transformativo propone lo siguiente. En primer lugar, que sea un liderazgo colectivo, donde exista una relación armoniosa o aun simbiótica entre líderes y seguidores. Segundo, se propone un liderazgo donde haya un intercambio entre los deseos y necesidades de los seguidores y la capacidad del líder de llevar hacia adelante esas aspiraciones colectivas. Finalmente, se desea un liderazgo creativo donde, juntos seguidores y líderes, puedan inventar métodos y medios para lograr los propósitos que el Señor tiene para ese grupo o iglesia.

El líder transformativo nos motiva a hacer más de lo que esperábamos hacer, elevando nuestra conciencia hacia valores diferentes. El líder transformativo nos hace trascender además nuestros propios intereses a favor de una causa común, expandiendo nuestras necesidades y nuestros deseos.

El siguiente esquema define algunas de las diferencias entre el líder transaccional y el líder transformativo.

El líder transaccional	**El líder transformativo**
Obra dentro una situación.	Obra para cambiar la situación.
Acepta lo que se dice.	Cambia lo que se dice.
Se sujeta a leyes y reglamentos.	Busca elevar las normas y los principios.
Habla de remuneración.	Habla de metas.
Procura negociar.	Procura innovar.

De un liderazgo transformativo a un liderazgo de relación

Estoy proponiendo un cambio en el orden de las prioridades fundamentales del liderazgo. Se ha dicho que hasta ahora se han considerado los factores exteriores y técnicos en las definiciones del liderazgo y se han descuidado los factores internos y personales. Repito, no se busca un reemplazo, sino un equilibrio de los elementos básicos dentro de una definición cristiana. Pero no se busca imitar las "Tres Pes" del liderazgo presente: personalidad, poder y posición. Se procura más bien una relación estrecha entre el líder y los seguidores.

La creación de un modelo de relación con el liderazgo transformativo también considera el criterio para evaluar este modelo. El criterio para un liderazgo cristiano y espiritual es que sea bíblicamente sano, socialmente pertinente y personalmente peculiar. Estos tres aspectos serán continuamente considerados en el desarrollo de este modelo.

Finalmente, se consideran las partes principales de este nuevo modelo. Como ya se ha mencionado, la urgencia del nuevo modelo de liderazgo no es tanto en las esferas de las tareas o las destrezas del líder. Aquí se ha planteado la deficiencia de la persona y el carácter del líder.

Nos proponemos concentrarnos en la integridad y en la destreza del líder. También procuramos centrarnos en la intimidad y el compromiso que este tipo de liderazgo provee a sus seguidores. Hay que hacer notar estas virtudes: **integridad, destreza, intimidad y compromiso.** Alguien dijo sabiamente que la práctica de la bondad se llama virtud. Así que el buen líder inspira confianza. La confianza se convierte en motivación. Es el líder aquel que con sus hábitos o sus virtudes impele a sus seguidores a unírsele. La gente sigue a tales líderes porque se satisfacen dos necesidades personales: identidad y comunidad; y también las metas de la organización y la misión de la iglesia. Sobre todo se establece una confianza.

Hay que recordar que el Señor cambia a la iglesia y a la sociedad no con ideas o programas, sino a través de personas movidas por el Espíritu Santo.

Así que el liderazgo de relación es un liderazgo transformativo, y con estas bases fundamentales va más allá del propósito pragmático y existencial del liderazgo actual. Este nuevo modelo tiene su foco primeramente en una humanidad profunda y auténtica y, en segundo término, en una espiritualidad también profunda, vital y relevante. Este es el distintivo espiritual y el campo de pericia del líder transformativo que aquí se expone.

Hay que antes hacer del líder el sujeto del liderazgo. Luego hay que definir la naturaleza espiritual de su liderazgo. Finalmente, hay que ubicarlo en el contexto del Reino, de donde fluye su energía para un liderazgo de relación y transformativo. Es decir, se ve el rostro, el corazón y el contenido del líder.

Ponerle una cara al líder

Como ya se dijo, el líder como persona ha quedado fuera del centro o *locus* (si se prefiere un término especializado) de los estudios sobre el liderazgo. En el campo de la filosofía se conoce como una definición existencial. Como ya se dijo, hace falta una explicación ontológica que defina a su persona por su valor esencial e intrínseco. Falta ver al líder por **lo que es** como persona y no sólo **cómo funciona** como individuo. **Lo que hace** el líder es importante, pero **lo que es** el líder tiene igual importancia. No se pueden separar. Se debe atender lo uno sin desatender lo otro.

En 1996, al escribir la segunda edición de su reconocido libro *Leaders: Strategies for Taking Charge* [Estrategias del líder para dirigir], los autores Bennis y Nanus confiesan que lo más importante que omitieron en la primera edición fue el tema del carácter. "El liderazgo se relaciona con el carácter de la persona. Y el carácter está en una continua evolución."[7] Esta es una de las confesiones más importantes sobre las deficiencias del liderazgo moderno. Sin carácter el líder queda sin cara.

La palabra *carácter* viene del griego *jarakter*, una marca impresa, por ejemplo, en una moneda. Por extensión se entiende que el carácter es la estampa del espíritu y el sello del ánimo. Así que el carácter del líder debe volver al *locus*, es decir, al centro de la atención y del proceso del liderazgo.

El carácter es también la imagen del espíritu. Esta es la esencia espiritual de líder. Y esa vida espiritual no se fabrica, sino que se desarrolla.

---

7   Página 9.

A la mentalidad moderna le cuesta entender esta diferencia básica. Cuando Jesús nos enseñó cómo distinguir entre buenos y falsos líderes, dijo: "por sus frutos los conoceréis" (Mateo 7:20), y no por sus productos o logros.

Hay que entender la diferencia entre *fruto* y *producto*. Porque aquí es donde se distinguen las definiciones existenciales y transaccionales de las definiciones espirituales y transformativas.

La vida espiritual se desarrolla por medio de la cooperación con el Espíritu Santo, y no se fabrica. Es como el fruto que procede de una semilla donde yacen ciertas propiedades naturales e internas. La cooperación con esas fuerzas naturales hace posible la cosecha del fruto. En cambio, el producto de una fábrica o manufactura depende de la labor manual, o sea, de una operación externa. Éste es más bien transaccional y aquél es transformativo.

El fruto es:	El producto es:
Natural	Fabril
Cualitativo	Cuantitativo
Benéfico	Abundante
Placentero	Valorizado
Alimenticio	Comercial

La fábrica crea su propio ambiente y su operación es independiente. En cambio, el fruto del árbol crece a base de una relación cooperativa con la naturaleza, donde existen leyes y fuerzas de la creación de Dios.

Examinarle el corazón al líder

El líder transformativo nace de la espiritualidad profunda y vital del Reino de Dios. Por supuesto que los elementos intelectual, social y moral del líder están incluidos y ojalá igualmente desarrollados. Pero si el espíritu humano y el Espíritu Santo de Dios no son aplicados al proceso del liderazgo, no puede haber un líder cristiano, ni mucho menos puede haber un líder espiritual e integral.

La espiritualidad es la contribución especial de la iglesia al mundo. La palabra *espiritual* se usa para el líder que mantiene una comunión sincera y constante con Dios. El líder que le dice sí al Señor de la Mies y se mantiene en una constante comunión con él. El líder que continuamente procura la frescura de Dios y exclama con David, el salmista: "Como el ciervo anhela las corrientes de agua, así suspira por ti, oh Dios, el alma mía" (Salmo 42:1). De aquí vienen las "ganas" para dirigir al pueblo de Dios.

En esencia la espiritualidad del líder consiste en poner al Creador del Universo en el centro de todo en la vida. Los anhelos y valores de antes pierden su atractivo. El deseo fundamental viene a ser su intimidad con Dios. No se trata aquí de un fenómeno de la Nueva Era, de un misticismo oriental o de técnicas psíquicas. Es más bien el estilo de vida que reconoce las palabras de Jesús "separados de mí nada podéis hacer" (Juan 15:5). Es la vida integral u holística del *imago dei*: la imagen de Dios en acción en esta vida y sociedad.

El liderazgo transformativo es una tarea espiritual llevada a cabo por una persona en cuya vida está el fervor de la presencia del Señor. Una persona cuyo llamamiento para la iglesia y para el mundo refleja el tenor bíblico y representa la realidad de su contexto. Una persona cuyas acciones, dirigidas por el Espíritu Santo, persuaden al grupo de que Dios le ha encargado para que, juntos, cumplan los propósitos de Dios. "No por el poder ni por la fuerza, sino por mi Espíritu" (Zacarías 4:6).

La pregunta que sigue es: ¿Qué significa esto y cómo se demuestra concretamente en el ministerio y en el liderazgo? Esta es una interrogante importante, en especial cuando algunas encuestas recientes revelan que el énfasis de los líderes cristianos está cada día más en la obra del ministerio y menos en Aquel que nos llamó al ministerio. Se estudian más las técnicas del liderazgo y se cultiva menos la espiritualidad del líder. Se presta más atención a los proyectos del ministerio y menos al significado y propósito del ministerio.

En los últimos cinco años he visto que se nos olvida el gran mensaje que predicamos a otros. Como ministros de la Palabra y seguidores de Jesús se nos olvida que Dios nos ama no por lo que hacemos o los logros que obtenemos, sino porque Dios nos ha creado y nos ha redimido en su amor. El Señor nos escogió sin ningún mérito, para proclamar ese amor divino como la verdadera fuente de la vida.

Si como líderes nos olvidamos de que nuestro principio es la fidelidad, es fácil ceder a la tentación de lo relevante, del activismo y del existencialismo. Cesamos de ser auténticos y creativos. Nos acoplamos a las definiciones de un liderazgo secular y así limitamos nuestro papel y carácter espiritual. Perdemos la identidad y la integridad del liderazgo espiritual.

Ubicar al líder dentro del Reino de Dios

Anteriormente mencionamos la necesidad de un cambio en las prioridades fundamentales del liderazgo. Ahora nos referimos también a la posición que ocupa el líder en el Reino, que es el contexto mayor en que dirige. La visión suprema de todo líder cristiano y de todo seguidor se desborda y tiene su cumplimiento en el Reino de Dios.

Cuando Jesús vino encontró también un orden invertido, o sea, un desorden. Comenzó a predicar y a trastornar el orden establecido, y señaló una gran preferencia: "Buscad primero el Reino de Dios y su justicia" (Mateo 6:33). El Señor encontró mentes llenas, pero corazones turbados. Corazones llenos de proyectos, programas y problemas, pero a la vez vacíos. En otras palabras, encontró corazones preocupados. Ocupados de asuntos futuros. Los temores, resentimientos, depresiones, fastidios y agotamientos controlaban sus emociones. Jesús, el revolucionario, llegó trastocando las mesas y el orden.

Una gran transformación del statu quo hacia lo que Jesús proclamó consiste en cambiar las muchas cosas que ocupan el corazón por la única cosa necesaria: el Reino de Dios. Jesús nos ordena a poner el Reino de Dios en el centro del corazón y las demás cosas en la periferia, como añadidura. Esta verdad es la base y la fuente de la espiritualidad y del liderazgo transformativo.

EL MODELO PASTOR-PRÍNCIPE ES EL MODELO AMIGO-LÍDER

Platón, el famoso filósofo griego, tenía una idea rara sobre el amor. Su leyenda dice que los seres humanos originalmente eran dos veces más altos de lo que son ahora. Su gran tamaño y gran fuerza los hicieron arrogantes, por lo que los dioses los cortaron a la mitad. Según esta leyenda, la felicidad verdadera se logra cuando las dos partes o mitades se encuentran, se casan y se completan.

Hoy se procura la unión de la responsabilidad doble del líder cristiano. De dos títulos o papeles, pastor y príncipe, hacemos uno: pastor-príncipe. De otros dos títulos, amigo del pueblo y líder principal, hacemos uno: amigo-principal. El liderazgo transformativo es un liderazgo dinámico y enérgico. Pero antes que suene muy mesiánico, hay que decir que el liderazgo transformativo es complejo y difícil. Se dijo al principio de este libro que el liderazgo es complejo. El liderazgo transformativo, así como su ámbito y su tarea, es igual de difícil y complejo. Hay que hacer esto, sin desatender lo otro. Existen en una tensión creativa e integral.

Antes que se piense que el título de "príncipe" es demasiado lisonjero o halagüeño para un líder, hay que recordar que Juan Calvino, uno de los reformadores, enseñaba que la Biblia presenta un papel triple para el pastor de la iglesia. Existe, decía Calvino, el papel *profético*, o sea, el papel de la predicación sobre el amor y la justicia de Dios; el papel *sacerdotal*, es decir, un ministerio de consuelo, de reconciliación, sacramental y litúrgico; y también el papel *real* o de *rey*, que requiere la administración, el gobierno y el manejo organizativo.[8]

---

8 *Management for Your Church*, Shawchuck, página 17.

Los ancianos de Israel vinieron a David para pedirle que fuera su líder, y le dijeron: "Ya de antes, cuando Saúl aún era rey sobre nosotros, eras tú el que guiabas a Israel en sus salidas y entradas. Y el Señor te dijo: Tú pastorearás a mi pueblo Israel, y serás príncipe sobre Israel" (2 Samuel 5:2). De manera que la primera vez que se usó dicho título doble lo hizo Dios mismo. Y la segunda vez fue durante la inauguración de David como rey. David sería pastor y sería príncipe. Era un papel doble que el pueblo y Dios solicitaban de él. Estos términos aparecían siempre juntos. El vocablo *pastor* presenta el aspecto de la relación y la designación de *príncipe* presenta el aspecto de función. Las dos funciones del líder transformativo son la de alimentar y la de dirigir.

Por lo tanto, se hace mención de dos títulos, dos papeles que desempeña el líder y que responden a la complejidad y responsabilidad del liderazgo. El primer título es el de pastor y el segundo es el de príncipe. Los dos permanecen juntos. Se forma una relación simbiótica entre los dos términos. Uno sin el otro está incompleto. Los dos describen lo humano y lo divino del ministerio. Así también el nombre de Jesucristo revela esa misteriosa y mística unión.

Los dos términos, pastor y príncipe, existen en una tensión creativa y saludable para ofrecer al pueblo dos tipos de cualidades que son necesarias para que el líder cumpla con su misión. Existen en una relación dinámica. Las demandas presentes y futuras de la misión requieren del líder la integridad y la destreza, la intimidad y la confianza, y un solo título o papel no es suficiente.

El calificativo *príncipe* merece una atención especial. La Biblia no usa la palabra en el sentido limitado del heredero directo de un monarca. Este significado es sólo válido para el mundo occidental. En la Biblia el príncipe puede ser un rey, un jefe militar, un general o un gobernador. En Sofonías 1:8 se menciona a los hijos de los reyes y a los príncipes por separado. Un príncipe es aquí un *líder* o un *líder preeminente* que ascendió a esa posición y no necesariamente por herencia. El énfasis está en su ascenso a la posición y no en el dominio. El término equivalente hoy día es un *líder del pueblo* o un *líder de entre el pueblo y para el pueblo*.

Jesús, el hijo de David, fue semejante líder. "Ya no os llamaré siervos, sino amigos" (Juan 15:15), confesó a sus discípulos. Existe la referencia profética sobre el tipo de ministerio y gobierno futuro de Jesús. En Ezequiel 34:23, 24 se anunció la promesa del Mesías: ". . . mi siervo David; él las apacentará y será su pastor. Y yo, el Señor, seré su Dios, y mi siervo David será príncipe en medio de ellas. Yo, el Señor, he hablado." Y en Apocalipsis 7:16, 17, otra vez se hace mención del papel doble de Jesucristo y de esa doble identidad como pastor-príncipe: "Ya no tendrán hambre ni sed, ni el sol los abatirá, ni calor alguno, pues el Cordero en medio del trono los pastoreará, y los guiará a manantiales de aguas de vida, y Dios enjugará toda lágrima de sus ojos."

De esa naturaleza doble y esencia integral sale la virtud para dirigir al pueblo. Se dice que "David reinó sobre todo Israel, y administraba justicia y derecho a todo su pueblo" (2 Samuel 8:15). Se habla aquí de los resultados de su administración (derecho y justicia), pero también se describe su relación con el pueblo. Gobernó con equidad: "a todo", y con intimidad: "su pueblo". "Ciertamente el bien y la misericordia me seguirán todos los días de mi vida" (Salmo 23:6).

A MODO DE CONCLUSIÓN

Nos propusimos sugerir un modelo nuevo de liderazgo. Aquí se resumen los puntos principales.

"Tú pastorearás a mi pueblo Israel, y serás príncipe sobre Israel" (2 Samuel 5:2)

En primer lugar, se presenta un modelo que toma en cuenta la responsabilidad doble del líder cristiano. Aquí se propone una síntesis sobre **lo que es** el líder y **lo que hace** el líder. Se sugiere un equilibrio entre el carácter y la conducta, entre la integridad y la destreza.

"Hueso tuyo y carne tuya somos" (2 Samuel 5:1)

En segundo lugar, se desea presentar un modelo de relación con un énfasis en la intimidad y el compromiso. Se trata de la intimidad entre el líder y sus seguidores y la constancia del líder en el desarrollo de la organización y en la misión de la iglesia o el grupo que dirige.

Los modelos seculares no le dan el lugar que se merece a la persona y al carácter del líder. Los modelos actuales han puesto el énfasis en la personalidad, el poder y la posición. El mejor de los modelos del liderazgo cristiano, el líder-siervo, necesita presentar el carácter del líder con más énfasis. Además, el término *siervo* no congenia con la historia de los pueblos marginados o con una era que destaca los derechos humanos.

"Eras tú el que guiaba a Israel en sus salidas y entradas" (2 Samuel 5:2)

En tercer lugar, se propone como base de este modelo de relación un énfasis en la amistad. La cultura de los pueblos del llamado tercer mundo es una cultura de relación. La identificación del líder con el pueblo es de amistad. La confianza proviene de la relación y de la constancia del líder. El Señor Jesucristo reveló una nueva relación con sus seguidores cuando les dijo: "Vosotros sois mis amigos si hacéis lo que yo os mando. Ya no os llamo siervos, porque el siervo no sabe lo que hace su señor; pero os he llamado amigos, porque os he dado a conocer todo lo que he oído de mi Padre" (Juan 15:14, 15). Los que antes eran siervos, ahora serían sus amigos. El requisito de esta nueva relación es la obediencia y no la herencia. El resultado es la revelación de los secretos del Reino.

Este es un modelo de relación. El tipo de relación entre Jesús y sus discípulos se evidenció en otra ocasión cuando su madre, María, y sus hermanos buscaban hablarle: "Y extendiendo su mano hacia sus discípulos, dijo: ¡He aquí mi madre y mis hermanos! Porque cualquiera que hace la voluntad de mi Padre que está en los cielos, ése es mi hermano y mi hermana y mi madre" (Mateo 12:49, 50). La versión de la Biblia en inglés *The Message*, comenta este pasaje afirmando que "la obediencia vale más que la sangre".

Abraham, el padre del pueblo de Israel, fue considerado "el amigo de Dios" (Isaías 41:8; Santiago 2:23). Existió un convenio o un pacto entre Dios y Abraham. El tema de la amistad está bien relacionado con David y Jonatán. Los secretos de Jonatán le salvaron la vida a David. Hay amigos y hay íntimos amigos. Jonatán fue un íntimo amigo de David. "El hombre de muchos amigos se arruina. Pero hay amigo más unido que un hermano" (Proverbios 18:24). Se dice que "en todo tiempo ama el amigo" (Proverbios 17:17). Este es el tipo de amistad que del líder se requiere.

"Hay amigo más unido que un hermano" (Proverbios 18:24)

Por esta razón llamamos la atención sobre cuatro cualidades: integridad, destreza, intimidad y compromiso. Se escogieron estas cualidades porque satisfacen dos necesidades personales en el líder y en los seguidores: la identidad y la comunidad. Las demandas profesionales del líder se toman en cuenta al tratar sobre las metas de la organización y misión de la iglesia.

En el esquema del liderazgo transformativo en la página 32, se puede apreciar de forma gráfica cómo se relacionan todas estas cualidades fundamentales mencionadas.

Con estas bases esenciales el liderazgo transformativo va más allá del propósito pragmático y existencial del liderazgo actual. Este nuevo modelo tiene su foco en (1) una humanidad profunda y auténtica, y en (2) una espiritualidad profunda, vital y relevante. Este es el distintivo espiritual y el campo de pericia del líder transformativo que aquí se propone. Hay que

EL LIDERAZGO DE RELACIÓN

recordar que el Señor cambia la iglesia y la sociedad no con ideas o programas, sino a través de personas movidas por el Espíritu Santo. Por esta razón se le ve la cara, el corazón y el contenido al líder dentro del contexto de la iglesia evangélica.

Los siguientes capítulos explicarán más a fondo el modelo de relación que aquí se plantea. El capítulo a continuación ilustra el modelo del pastor-príncipe, el amigo-líder, de un modo concreto, usando como ejemplo la vida y el liderazgo de David.

Luego la exposición se divide en grandes secciones. La Sección I trata del tema del líder como persona: su vida espiritual, su carácter, su disciplina y su religión. Las siguientes dos secciones presentan el papel del líder. La Sección II aborda al líder como amigo. En su papel de pastor vemos a un amigo líder que satisface las necesidades de indentidad y de misión en su propia vida y en la de sus seguidores. Por su parte la Sección III trata del papel del líder principal. El líder del pueblo trata con destreza las demandas organizativas de los seguidores y con confianza los moviliza hacia la misión que el Señor tiene para ese grupo específico y para la iglesia universal. Y, por último, la Sección IV presenta al líder como peregrino. Se consideran temas pertinentes al futuro del liderazgo cristiano.

Capítulo 3

Un modelo de líder

DAVID, EL PASTOR-PRÍNCIPE

Uno de mis profesores acostumbraba a decirnos en sus clases: "Seamos siempre héroes; no seamos siempre heroicos." Luego nos explicaba: "El héroe da ánimo. El heroico hace hazañas. El heroísmo viene de dentro, de lo profundo y la heroicidad nos viene de afuera, de la superficialidad. Pero sabed que el mundo pone en la cruz al heroísmo y levanta monumentos a la heroicidad."

A un héroe se le admira de lejos, pero a un modelo se le imita de cerca. Para el líder espiritual, Jesucristo es nuestro héroe y es el modelo perfecto. El más alto ideal es vivir la vida auténticamente, como Jesús vivió la suya.

¿Qué es un modelo? Viene de la raíz *modus*, que significa *medida*. Una medida puede ser una norma, un patrón y un ejemplo. Por eso al verdadero modelo se le observa y se trata de imitar. Desde el aprisco hasta el trono, el rey David fue un modelo de un líder transformado y de un liderazgo transformativo. Además, fue el prototipo de Jesús.

> Escogió también a David su siervo,
> lo tomó de entre los apriscos de las ovejas;
> lo trajo de cuidar las ovejas con sus corderitos,
> para pastorear a Jacob, su pueblo,
> y a Israel, su heredad.
> *Y él los pastoreó según la integridad de su corazón,*
> *y los guió con la destreza de sus manos.*
>
> Salmo 78:70–72
> (cursivas añadidas)

Esta relación óptima entre el líder y sus seguidores se encuentra en el modelo de un pastor-príncipe, un modelo para el líder de hoy. Es un amigo de la gente y un líder del pueblo. El líder responde a las necesidades internas de sus seguidores, o sea, necesidades de la identidad y la comunidad, viviendo en intimidad y compromiso. El líder responde a las necesidades externas de sus seguidores, o sea, de la organización y la misión de la iglesia. Se gana la confianza de sus seguidores ejerciendo con destreza.

Para que no se piense que los principios sobre el liderazgo son asuntos quiméricos o ilusorios, he tomado la vida de un personaje: David. La confianza en este caso se gana en la relación. Se ilustran los principios no en una forma abstracta, sino en lecciones palpables, en "carne y hueso". Se estudian los principios en la vida de un personaje verídico y muy humano. Como hispanos vemos las cosas mejor a través de las formas concretas y no en las formas abstractas, aunque a esto último será necesario acudir en algunas ocasiones. Pero hasta donde sea posible, los principios señalados los veremos demostrados tanto en la vida como en el liderazgo de David. El hombre moderno quizá aprenda a base de estudios, pero el hombre de épocas pasadas aprendía por medio de historias. He aquí una de esas historias.

LA HISTORIA DE UN LÍDER

La Biblia, desde el principio hasta el final, está compuesta de historias concretas. Moisés contó historias. Jesús contó historias. Los autores de los Evangelios presentaron las buenas nuevas en forma de historias y en formas concretas. Las Sagradas Escrituras contienen historias muy humanas que el Espíritu Santo ha tomado y ha tejido en una vasta y santa narración, para dar a conocer la voluntad y la revelación de Dios.

Una de esas historias en el Antiguo Testamento es la de David. El estudio minucioso de la historia de David ilustra el tipo de persona que Dios puede usar como líder de su pueblo. Es un modelo de liderazgo cuyos secretos debe conocer todo líder. Muchos se han hecho la siguiente pregunta: ¿Por qué escogió Dios a David y no a uno de los hermanos de éste? Muchos más deben hacerse esta pregunta: ¿Qué tipo de líder debo yo ser para agradar a Dios? Para contestar estas interrogaciones he escogido la propia vida de David.

David es conocido en las Escrituras como "el varón según el corazón de Dios" (1 Samuel 13:14). Pero como todo líder, David tiene su historia, que describe su formación y madurez. Él no es una excepción. Aunque hay en su vida elementos que debemos admirar, a la vez existe algo en la vida de David que es común a todos nosotros. Por esta razón, he decidido tratar de usar como modelo concreto la vida de David. Consideraremos el contexto, el tiempo y la formación del modelo de liderazgo en la figura de David.

DAVID, UN MODELO DE LÍDER TRANSFORMATIVO

Como hemos dicho, la vida y el reinado de David nos ofrecen el modelo de pastor-príncipe. David (2 Samuel 5:2) une los aspectos de relación y de función bajo un solo título o papel. El modelo contiene una filosofía dinámica y ecléctica que incluye la variedad y diversidad en el líder y en el pueblo que demanda la tarea del liderazgo. El foco o *locus* del modelo es la tensión creativa entre el carácter y la conducta del líder. Se desarrolla a través de recursos humanos y espirituales, naturales y sobrenaturales. La meta del modelo pastor-príncipe es la expansión del Reino de Dios.

David, el pastor, cuida del pueblo de Dios

El ascenso de David termina. El reino de David da principio. David es el líder. En su inauguración como rey se le dice a David: "Y el Señor te dijo: Tu pastorearás a mi pueblo Israel, y serás príncipe sobre Israel" (2 Samuel 5:2). David comienza a ser el pastor-príncipe. Samuel, el profeta, lo adelantó (1 Samuel 13:14). Abigail, la esposa de Nabal, lo sabía (1 Samuel 25:30). Ahora se cumple lo dicho por el Señor.

Las palabras referentes al pastor-príncipe fueron cuidadosamente seleccionadas. En ellas los ancianos de Israel captan la intimidad de la relación y la destreza personal de su nuevo líder. El uso de los términos *pastor* y *príncipe* es esencial, porque denota esa relación de intimidad. Israel sufrió el régimen opresivo del rey Saúl. El pueblo no deseaba otro gobernante codicioso del poder de su posición. Deseaba un líder con quien identificarse y relacionarse.

Dios escoge a uno que se identifica con el pueblo y no con la posición. David se ofreció como un amigo, como un líder muy íntimo. David fue reconocido por los ancianos como uno del pueblo: "Henos aquí, hueso tuyo y carne tuya somos" (2 Samuel 5:1). Sus instintos de pastor y las destrezas de su juventud eran bien conocidas. Su abrazo y calor personal fueron cada vez más grandes. David traía garantía de posteridad al pueblo de Dios.

David traía consigo protección para el pueblo. Ejerció con lealtad y diligencia su tarea de rey así como su tarea de pastor. Como pastor David vivió con el ganado y lo cuidó. Se identificaba con el rebaño y protegía las ovejas. Veía al pueblo con ojos de pastor. Tenía el corazón tierno y compasivo del pastor. Por eso el mensaje de convicción que Natán recibió de Dios sobre el hombre rico que tomó la corderita del hombre pobre (2 Samuel 12:1–4) sacudió el corazón de David.

David fue el pastor ideal. Se identificó con el rebaño. Veló por las ovejas y puso su vida en peligro. Este tipo de relación se vio en los lazos humanos que cultivó durante su reinado. Dentro de la cultura cruel e inhumana que rodeaba a Israel, David introdujo nuevos principios sobre el liderazgo y el gobierno.

David, el príncipe, administra con justicia y derecho

Príncipe es aquel que es primero o principal. No es el heredero del rey. El príncipe es uno que sube a ese rango. No nace en la posición. El príncipe aporta su carácter y da su dignidad a la posición. Traer dignidad a la posición es traer honor, virtud y posteridad, lo cual inspira confianza. Es el líder del pueblo porque se gana la confianza del pueblo. Es uno que sale de entre los del pueblo. Con esa confianza rige y organiza los intereses públicos. No es un monarca que gobierna por sí solo y cuyo gobierno es absoluto.

David recibe la confirmación de Dios y del pueblo. Cuando Dios le da a David el título de "príncipe", el énfasis está en la persona y su trasfondo, y no en el oficio y responsabilidad de la posición. Un príncipe es uno de entre el pueblo. Es alguien que sube desde abajo hacia arriba. Dios escoge a uno que ya ha demostrado habilidad de líder y uno a quien el pueblo sigue.

David se identifica con el pueblo. Los ancianos del pueblo reconocieron esto y dijeron a David: "Ya de antes, cuando Saúl aún era rey sobre nosotros, eras tú el que guiabas a Israel en sus salidas y entradas" (2 Samuel 5:2). Tenían confianza en las capacidades de David. Lo vieron en acción. Sabían el tipo de líder que era porque se movía entre ellos.

Lo que no sabían los ancianos era que fue en el desierto donde David cultivó las sensibilidades comunitarias que demostró tener. Porque pasó por la prueba y salió refinado, Dios lo prosperó. Sus pasos cada vez eran más largos. David ofreció continuidad al pueblo de Dios: "Tu casa y tu reino permanecerán para siempre delante de mí; tu trono será establecido para siempre" (2 Samuel 7:16). Con Saúl los ancianos no tuvieron esa oportunidad.

David preserva la identidad del pueblo de Dios. Cuando Goliat desafiaba a Israel, era el honor de Jehová al que desafiaba. El pueblo estaba en peligro de perder su identidad como pueblo de Dios. David salva el honor de Jehová, el Dios de Israel. David salva a Israel. Luego cuando llega al trono, David unifica al pueblo haciéndolo una nación con una capital bajo un Dios. El tiempo del reinado de David fue el mejor en la historia de Israel. Bajo el reinado de David supo Israel lo que era ser pueblo de Dios.

Por medio de David Dios cumple su promesa a Abraham. Con la ayuda de Dios, David hizo de Israel una fuerza potente en el mundo de aquellos días. Extendió las fronteras del territorio de mar a mar. No hubo otro monarca que extendiera el reino como lo hizo David. El pueblo nunca olvidó ese tiempo de gloria.

Durante el período de los otros reyes las diez tribus fueron llevadas en cautiverio a la Asiria y se perdieron. Babilonia conquistó a Jerusalén y se llevó cautiva a la tribu de Judá. Después de Babilonia, los persas, los griegos y los romanos subyugaron a Israel. Por siglos los judíos no conocieron la libertad y la independencia. Pero la idea de un gran rey de la descendencia de David comenzó a surgir.

El sueño del pueblo de Israel está basado en la promesa del Señor.

He aquí, vienen días —declara el Señor—
en que levantaré a David un Renuevo justo;
y Él reinará como rey, actuará sabiamente,
y practicará el derecho y la justicia en la tierra.
En sus días será salvo Judá
e Israel morará seguro;
y este es su nombre por el cual será llamado:
"El Señor, justicia nuestra."

Jeremías 23:5, 6

LA PERSONA Y EL MODELO

El liderazgo es difícil y complejo porque contiene muchas variantes. Se requiere unir la diversidad y las contradicciones que se forman en el liderazgo. La vida de David ilustra una existencia compleja, con la variedad de desafíos del liderazgo. El título que se le otorga a David refleja la diversidad y la variedad de la tarea a la que se le llamaba.

En el término *pastor-príncipe* existen dos elementos. Pero la idea o la acción creadora que los une se llama *síntesis*. De las partes contrapuestas se construye un todo. Una verdad más elevada viene a resumir la verdad de los dos principios opuestos.

Cuando se habla de humanidad y espiritualidad, se considera una combinación. La encarnación de Jesús, dice el doctor David McKenna, es una combinación que algunos consideran una paradoja. Cuando "el verbo se hizo carne", fue un encuentro divino-humano, donde todas las paradojas (posiciones opuestas) de la verdad eterna fueron prefiguradas: Dios y Satanás, el bien y el mal, el cielo y el infierno, lo sobrenatural y lo natural, lo sagrado y lo profano, el amor y el odio, lo divino y lo humano, el espíritu y la carne, etc.[9]

---

9   David McKenna, *Power to Follow, Grace to Lead*, página 19.

El ambiente histórico del reinado de David fue desfavorable

El liderazgo de David luce más cuando uno toma nota del período histórico en que vivió y reinó. Los reyes del mundo en ese tiempo se constituían como ley sobre los pueblos. Cada uno de ellos hacía lo que le parecía sin rendir cuentas a nadie. Algunos, como Nabucodonosor, afirmaban tener divinidad propia. Prevalecía el abuso, la crueldad, el despotismo y la inhumanidad. Los principios de liderazgo que David estableció eran desconocidos en su tiempo.

Fue un tiempo en el que Israel estuvo en peligro de perder su identidad como pueblo de Dios. Gobernaba el rey Saúl, que resultó ser un líder superficial. El poder externo del trono puso de manifiesto la debilidad interna del carácter de Saúl. Se dice que los problemas de la vida revelan la fortaleza o la falta de recursos internos de la persona. Saúl manifestó esto último.

Fue un período de oposición personal. David no tuvo un mentor en Saúl. El joven David fue uno de los problemas de Saúl. El pueblo amaba a David por su victoria sobre Goliat y Saúl tenía celos. David se convirtió en una amenaza para el rey. La inseguridad de Saúl ante el joven líder se convirtió en celos; los celos en ira; la ira en odio; y el odio lo arruinó. Fue también un período en el cual había jóvenes con potencial y ambiciones de liderazgo. La lista de valientes de David es prueba del potencial que se logró desarrollar durante su reinado.

David reinó durante un tiempo de transición y de contrastes

David fue llamado para conseguir la unidad en el pueblo. Fue un tiempo para recobrar la lealtad y la piedad en la vida del pueblo. David logró hacer de las doce tribus una nación.

El mismo día que murió Saúl en el monte de Gilboa, David vencía a los amalecitas. Hasta el fin, fue visible el contraste entre las dos vidas. Uno moría y el otro se engrandecía. Fue el fin de un reinado y el principio de otro. El reino fue entregado a David; él no lo arrebató a Saúl.

David siempre tuvo un gran respeto por el ungido de Jehová. Por esa razón cuando oyó la noticia de la muerte del rey Saúl y de su hijo Jonatán, escribió estas palabras: "¡Cómo han caído los valientes, y perecido las armas de guerra!" (2 Samuel 1:27). David se lamentó grandemente, ayunó y entonó la siguiente elegía para Saúl y Jonatán:

> Tu hermosura, oh Israel, ha perecido sobre tus montes.
> ¡Cómo han caído los valientes! . . .
> Oh montes de Gilboa,
>   no haya sobre vosotros rocío ni lluvia, ni campos de
>   ofrendas;

porque allí fue deshonrado el escudo de los valientes,
el escudo de Saúl, no ungido con aceite.

2 Samuel 1:19, 21

David fue leal al rey hasta su muerte. Estas palabras representan el fin de un reinado y el principio de otro.

El modelo de liderazgo que David estableció después de la muerte de Saúl consiste en tres fundamentos básicos. Estos fundamentos son inclusivos y son directrices para un modelo de liderazgo del día de hoy. Los fundamentos son Dios, el líder y el pueblo. Estos fundamentos deben formar la base del líder cristiano. Los elementos básicos son espirituales, sociales y personales. Incluyen lo divino, lo teórico y lo práctico.

En la historia del liderazgo de David encontramos un ejemplo de la relación que existe entre los fundamentos, los elementos y la función del liderazgo. Es de suma importancia el poder ver a Dios, al líder y al pueblo obrando en una relación dinámica y viva. A veces es una relación chocante y desagradable, y otras agradable y armoniosa. Pero en todo caso es una relación dinámica, real y genuina.

Primero, David demostró la base formativa de la vida personal y del carácter del líder. Segundo, demostró el fundamento teórico sobre el manejo del liderazgo. Y tercero, demostró el cimiento espiritual como parte integral del liderazgo.

David es un prototipo de Jesús y de su iglesia

El hijo de Isaí llegó a ser el rey y el dirigente de Israel. Su historia (1 Samuel 16—1 Reyes 2) es una de las más conocidas y más extensas de la Biblia. Conocemos más de David que de cualquier otro personaje de la Biblia, aparte de Jesús. ¿Qué niño no conoce la historia de David y Goliat? ¿Qué joven no ha oído de la amistad entre David y Jonatán? Jesús no sólo fue el Hijo de Dios; también se le conoció como "el hijo de David". Ningún otro personaje ha logrado tal fama en la historia humana. En fin, David resplandece como una superestrella.

Pero David no tuvo una vida ideal. La historia de David es una gesta muy humana, de un personaje muy humano. La suya es una vida caracterizada por grandes fracasos. Su adulterio, su homicidio, su mentira y su engaño están claramente escritos en los capítulos de su historia.

David es un líder actual. En su vida existieron condiciones muy humanas, que todos tenemos. Pero a pesar de sus características y debilidades humanas, Dios hizo de él un gran líder, el líder del pueblo. David nos revela la unión de Dios y de la humanidad en una persona. Llegó a ser "el varón según el corazón de Dios", no por sus destrezas, sino por su corazón. El carácter espiritual de David y su pasión se aprecian en los salmos que escribió. David fue el rey modelo. Expandió los límites del territorio de Israel. Durante su reinado logró la paz y la prosperidad para el pueblo. Por siglos ha sido el reinado de la esperanza para la nación judía. Hoy constituye un símbolo del Reino de Dios para el pueblo cristiano y un reflejo del Mesías venidero.

EL MODELO PASTOR-PRÍNCIPE

Un título unificador

Ya se hizo mención de la unión de dos títulos y dos papeles en relación con el liderazgo de David. Éste fue el amigo del pueblo y el líder principal de Israel. Ello nos da la idea de la complejidad y la responsabilidad que implica dirigir al pueblo de Dios. El primer título es el de **pastor** y el segundo el de **príncipe**, y se presentan juntos. Se complementan ambos términos y su unión describe la tarea del líder. Los dos describen lo humano y lo divino del ministerio que se ve en la vida de David, así como existió la mística unión de un autor de salmos y un rey, de un cantor y un gobernante.

Las demandas presentes y futuras de la organización y la misión de la iglesia requieren del líder la intimidad personal y la equidad social. En su trato personal se requiere del líder la integridad, y en su conducta profesional la destreza. Las definiciones estáticas deben dar lugar a descripciones más dinámicas, para que pueda actualizarse el líder del pueblo de Dios y demostrar su excelencia. David fue el amigo del pueblo y el líder principal que la iglesia necesita hoy.

¿Por qué se escoge este modelo doble de pastor-príncipe?

El pastor-príncipe incluye la identidad y la función del líder

En nuestra cultura acostumbramos a presentarnos por quienes somos: Soy Jesse, hijo de Jesús y Emma, de la familia Fajardo. Mi padre procede de Méjico y mi madre de Nuevo Méjico. Fuera de mi medio cercano, soy el doctor Jesse Miranda, profesor del seminario, ministro y líder hispano. Así que la cultura hispana antepone a la persona y luego hace referencia a la función del líder.

Con ese fin se pretende poner en el centro o *locus* el carácter del líder, sin dejar fuera otros elementos claves del liderazgo tales como la técnica, la metodología, las herramientas, las capacidades, etc. Se procura unir lo que es y lo que hace el líder. Se hace esto sin desatender aquello.

El liderazgo, como se dijo antes, es complejo. Existen elementos compatibles y competitivos a los que hay que determinarles el lugar que deben ocupar. Quizá sería algo simple en un tiempo pasado, pero ahora no lo es. Y será aun más complejo en el futuro. El papel del líder cristiano es múltiple. Son muchas sus funciones y no una sola. Sin importar que sea pastor, maestro, evangelista, etc., son muchas las responsabilidades que caen bajo un solo nombre o título. Pero, en esencia, se trata de un papel doble.

De manera que un título doble señala lo integral y lo holístico del papel del líder. Tiene en cuenta el ser y el hacer del líder. Identifica lo dinámico y completo que debe ser el papel del líder, porque considera lo complejo de la persona del líder y lo complejo del liderazgo.

El pastor-príncipe responde a la tensión creativa del papel de líder

El papel del líder cristiano es doble. Es decir, el papel del líder cristiano incluye lo sagrado y lo terrenal, lo divino y lo humano, lo espiritual y lo secular, lo teórico y lo práctico, lo personal y lo profesional.

El liderazgo de relación mantiene el equilibrio. Se requiere un equilibrio cuando hay más de una idea o más de un elemento. Se demanda orden y sentido. Mantiene el equilibrio entre los dos aspectos del liderazgo: lo que **hace** el líder y lo que **es** el líder.

La excelencia del liderazgo siempre está en una tensión creativa con respecto a la eficiencia del líder y la eficacia de la organización; a la identidad y la integridad del líder; al líder por su valor esencial, intrínseco y al Reino de Dios por su valor espiritual.

El pastor-príncipe responde a las necesidades del pueblo

En los capítulos que siguen se explica el contenido del papel del líder como pastor-príncipe, como amigo del pueblo y líder principal. Alimenta y dirige, que son las dos funciones principales del líder. Pero por el momento baste hacer una lista de los aspectos que el nuevo modelo está proponiendo. Y cabe recalcar que dicho modelo responde a la necesidad de recobrar el respeto y la dignidad del liderazgo cristiano.

El papel de pastor provee:	El papel de príncipe provee:
Providencia	Honor
Intimidad	Equidad
Derecho	Justicia
Bondad	Misericordia

Hoy se puede decir del liderazgo espiritual lo que Pablo dijo a los gálatas: "Hijos míos, por quienes de nuevo sufro dolores de parto hasta que Cristo sea formado en vosotros . . ." (Gálatas 4:19). Si Cristo es "formado" en el líder, no podrá menos ese líder que dirigir con intimidad y equidad, con derecho y justicia, como lo hizo el Maestro en su ministerio. "Le basta al discípulo llegar a ser como su maestro, y al siervo como su señor" (Mateo 10:25).

La Biblia dice que "David se engrandecía cada vez más, porque el Señor, Dios de los ejércitos, estaba con él" (2 Samuel 5:10). Recuerde que el significado visual y concreto de la frase "se engrandecía" es que el abrazo de David se hacía más y más grande y sus pasos eran cada vez más largos. Veamos cómo estos dos conceptos se aplican al papel del líder de hoy.

El pastor demuestra una humanidad profunda y auténtica

Se dijo ya que la superficialidad en las relaciones prevalece en el día presente y que la respuesta de la iglesia es ofrecer a la sociedad líderes genuinos de experiencias profundas. Líderes profundos en su manera de pensar y profundos en su fe. Profundos en sus conocimientos y en su carácter. Profundos en sus relaciones. Son estos los líderes que llevarán a la iglesia y a la sociedad de la superficialidad a la profundidad. Líderes de convicción y carácter profundos. "Un abismo llama a otro abismo . . ." (Salmo 42:7).

El líder, como el pastor, es el amigo del pueblo. Su humanidad auténtica nace de su identidad y su relación íntima con sus seguidores. Igual que el pastor, ve la vida por medio de los ojos de sus ovejas, identificándose así con su rebaño.

Los problemas más serios del mundo no son los problemas tecnológicos, políticos o económicos. Más bien son los problemas que acarrea lo impersonal de la sociedad. La pérdida de la autoridad, la erosión moral y la pérdida de lo sagrado.[10] El mundo de hoy sufre de crisis moral y de crisis espiritual producto del enajenamiento en la sociedad.

El príncipe responde a una espiritualidad profunda y vital

Las demandas presentes y futuras de su misión requieren del líder la intimidad personal y la equidad social. El pastor trata con el aspecto personal y de relación con respecto a la tarea. Pero el príncipe es un líder principal

---

10   David McKenna, op. cit., página 12.

que trata con el aspecto organizativo y de contexto, es decir, el perfil profesional de la tarea.

El Señor habló a través del profeta Jeremías, diciendo: "Recorred las calles de Jerusalén, y mirad ahora . . . a ver si halláis algún hombre, si hay quien haga justicia, que busque la verdad, y yo la perdonaré" (Jeremías 5:1). Jesús, el hijo de David, llegó proclamando el mensaje del Reino. Y este mensaje de profunda y vital espiritualidad se hace evidente cuando, citando a Isaías, dijo Jesús refiriéndose a sí mismo: "El Espíritu del Señor está sobre mí, porque me ha ungido para anunciar el evangelio a los pobres. Me ha enviado para proclamar libertad a los cautivos, y la recuperación de la vista a los ciegos; para poner en libertad a los oprimidos; para proclamar el año favorable del Señor" (Lucas 4:18, 19).

El príncipe es el líder principal del pueblo, que tiene la destreza misional y organizativa de dirigir a sus seguidores hacia los valores y propósitos que el Señor tiene para el pueblo. Una nueva confianza existirá a medida que este líder principal del pueblo trate con asuntos presentes y futuros: asuntos de la identidad humana, de las relaciones humanas, sociales, políticos y ambientales; temas relacionados con la escasez y distribución de los recursos; y con los diversos asuntos espirituales: el sincretismo, el espiritismo, etc.

La vida de David será una ilustración viva que nos ayudará a concretar el modelo que estamos introduciendo. Saúl abusó del poder de su trono y fue una deshonra. El pueblo no deseaba otro rey egoísta. Pudiera ser que Dios quisiera dar confianza al pueblo al usar el nuevo título de príncipe. Pero es más probable que príncipe fuese el nombramiento apropiado para David, ya que él era "uno que es del pueblo" o uno que ascendió desde abajo.

En el resto del libro nos dedicaremos a elaborar el modelo del pastor-príncipe y, a la vez, el modelo del amigo del pueblo y líder principal. Se toma la vida de David para concretar los principios que se desean presentar y que en muchas ocasiones se estudian de manera abstracta. Los principios del liderazgo los veremos entretejidos con la narración de la vida de David.

Principios básicos del modelo

1. El líder conoce la naturaleza de su llamado.

2. Desarrolla un carácter cristiano y espiritual.

3. Limita su campo a las capacidades que posee.

4. Establece buenas relaciones con otras personas.

5. Busca el consentimiento o autorización del pueblo.

6. Recuerda que su autoridad se gana, no se demanda.

7. Sabe que Dios tiene el control de todo y es en todo.

8. Conoce que Dios interviene en los asuntos humanos y espirituales.

9. Como pastor es el amigo que cultiva la identidad y la misión.

10. Como príncipe dirige a un pueblo organizado y unido.

SECCIÓN I

EL LÍDER COMO PERSONA

"Por lo cual te recuerdo que avives el
fuego del don de Dios que hay en ti . . ."

2 Timoteo 1:6

Capítulo 4

El líder y su Dios: espiritualidad

BEBER EN SU PROPIO POZO

Cuenta la historia que David permanecía en la fortaleza mientras la guarnición de los filisteos estaba en Belén. David entonces sintió un gran deseo. Me imagino que dio un gran suspiro y dijo: "¡Quién me diera a beber agua del pozo de Belén que está junto a la puerta!" (2 Samuel 23:15).

Los recuerdos de su niñez y juventud venían a su memoria, la vida social en derredor del pozo de Belén. David recuerda las voces de niños que juegan y se divierten sin las preocupaciones de la vida. Recuerda oír a los jóvenes en su idealismo formarse castillos en el aire. Ahora anhelaba las conversaciones, las risas y todos los tiempos que gozaban.

Pero también aquella agua representaba algo más profundo en su vida. Representaba la provisión y la presencia del Dios de su niñez y juventud. David, quien ahora huye para salvarse la vida, está deseando las comodidades básicas de la vida. El agua simbolizaba las necesidades de la vida: seguridad, paz y libertad.

Tres valientes, continúa la historia, se abrieron paso por el campamento de los filisteos y sacando agua del pozo de Belén que estaba junto a la puerta, se la llevaron a David. Pero éste se negó a beber, diciendo: "Lejos esté de mí, oh Señor, que yo haga esto. ¿Beberé la sangre de los hombres que fueron con riesgo de sus vidas?" (2 Samuel 23:17).

Hay tres formas en que vemos que la nostalgia de David se convirtió en un acto de adoración. En primer lugar, dirige sus palabras al Señor y no a sus valientes hombres. En segundo lugar, reconoce que debe ser una participación personal. Y en tercer lugar, él ahora no ve agua, sino la sangre de sus hombres. La espiritualidad se percibe así como una relación tanto vertical con Dios, como horizontal para con los otros. La comunión con Dios en el diario vivir es una experiencia personal. Lo natural y lo material se ven desde una perspectiva y un significado espiritual.

UNA VIDA ÍNTIMA CON DIOS

La historia de David es un recordatorio de la presencia de Dios en la condición humana. Lo que sobresale en la vida de David no es su moralidad o sus proezas militares; más bien es su experiencia e intimidad con Dios. El testimonio de esto resalta en la historia y en su pasión en los salmos que escribió. No fue el liderazgo de David lo que impresionó favorablemente a Dios; fue su espiritualidad. El Señor buscó y halló a un líder de su agrado.

La espiritualidad de David tuvo su principio aun antes de su nacimiento. "A ti fui entregado desde mi nacimiento; desde el vientre de mi madre tú eres mi Dios" (Salmo 22:10). De adulto David anduvo con Dios, así como lo hizo Enoc. Ambos anduvieron continuamente en la presencia de su Señor. Enoc fue arrebatado al cielo para **estar** en la presencia de Dios. David en cambio hizo de este mundo "un cielo" para **vivir** en la presencia de Dios. Por eso exclamó: "Aunque pase por el valle de sombra de muerte . . . tú estás conmigo" (Salmo 23:4). David vivió en la presencia del Señor de tal modo que todo lo que veía, oía, tocaba y comía le traía a la mente a Jehová su Dios. Existió una conexión espiritual entre el Señor y su criatura a tal grado que David llegó a ser "el varón según el corazón de Dios".

Las experiencias en el campo y en el desierto formaron el carácter de David para llegar a ser líder de Israel. Conoció los propósitos de Dios y no se concentró en las hazañas humanas. No se dedicó a matar leones, sino a cuidar ovejas. No se afanó en matar gigantes, sino en defender el honor de Dios. Ni se ocupó en reinar desde el trono, sino en servir al pueblo de Dios.

La formación espiritual en las condiciones de la vida de David sirve de modelo al liderazgo de hoy. Nos enseña cómo David pudo guiar a un pueblo hacia la adoración y reverencia divina, hacia la fe y hacia la conducta diaria. El milagro de la vida de David consiste en que es una vida común y corriente, pero con una dimensión divina extraordinaria.

David desarrolló una espiritualidad cotidiana e integral

Aun cuando sus tareas eran aparentemente insignificantes, David permaneció fiel. La primera vocación de David fue la de pastorear las ovejas de su padre. Después de ser ungido por Samuel, su primera misión fue desempeñarse como siervo y escudero de Saúl. En ambas cosas fue diligente. No menospreció los principios humildes que Dios usó para probarlo y formarlo. No empezó desde arriba, sino desde abajo hacia arriba. Fueron sus primeros pasos para ser el pastor-príncipe de Israel.

Ya sea pastoreando ovejas (1 Samuel 16:11–13), sirviendo en el palacio (16:14–23), huyendo por el desierto (18:6–30), corriendo al santuario

(21:1-15), o gobernando desde el trono (2 Samuel 5), David sabía pedir la dirección de Dios. Repetidas veces aparecen las palabras "David consultó a Jehová" (1 Samuel 23:2, 4; 30:8; 2 Samuel 2:1; 5:19, 23; 21:1). Sus deseos, sus pensamientos y sus acciones fueron dirigidas por Dios, porque estaba en continua comunión con Él.

David demostró su corazón de siervo desde pequeño, haciendo posible que se le confiara el cuidado del rebaño de su padre. Como pastor de ovejas, David desarrolló especial sensibilidad estética y espiritual para apreciar el diseño de Dios en la naturaleza y reconocer la presencia de Dios en la vida diaria. Tan natural le era esto como respirar y comer. Para David no fueron sólo actos espirituales, sino un estilo de vida.

David desarrolló una vida continua de oración y comunión con Dios. De allí le vino esa facultad que le capacitó para escribir y cantar sus salmos. Pudo ser el cantor de Israel en el palacio de un rey amargado y deprimido como Saúl. Y ya como rey de Israel, David muestra una gran compasión y reverencia hacia la humanidad que le permite dirigir y gobernar eficazmente.

Antes que lo anunciara el profeta Isaías o Juan el evangelista, David nos presenta a Emmanuel: Dios con nosotros. El título *Emmanuel* no aparece en los escritos de David, pero sí en su vida y en su práctica. Dios es la figura principal en la historia y la vida de David. Dios siempre está presente (aunque en silencio y escondido) hasta en los últimos detalles de la vida, como resuena en el Salmo 23.

Pan para el camino y espada para la batalla

Cuando Saúl lo perseguía para matarlo, David se refugió en el santuario (1 Samuel 21—22). Buscó protección en un lugar santo. Sentimos la realidad de su humanidad, y observamos sus fallas morales. ¿En qué mejor lugar pudiera estar este pecador fugitivo y errante? De allí David salió con pan para su camino y con una espada para la batalla.

De David aprendemos que el santuario es un lugar de ayuda para las emergencias de la vida. Para David el santuario fue un lugar de refugio y adoración. En cambio, para Doeg, escudero de Saúl, el santuario le sirvió para cultivar un sentir de superioridad y para sacarle ventaja a su enemigo David (1 Samuel 21:7). David responde, diciendo: "Pero yo soy como olivo verde en la casa de Dios; en la misericordia de Dios confío eternamente y para siempre. Te alabaré para siempre por lo que has hecho y esperaré en tu nombre, porque es bueno, delante de tus santos" (Salmo 52:8, 9).

La vida de David fue una vida bien relacionada con Dios. Fue una vida de gratitud. Elevó alabanzas a su Señor. El espíritu de adoración de David sobresale desde sus salmos. David conoció los símbolos y la realidad de su espiritualidad.

En la historia de David hay un incidente que refleja muy bien su espíritu de adoración y su conocimiento de los símbolos espirituales: es cuando envía a buscar el arca del pacto (2 Samuel 6). El arca trajo la muerte para Uza, pero fue motivo de danza para David. Pues para David y para el pueblo el arca era símbolo de la presencia de Dios, el centro de la adoración, mientras que para Uza era símbolo de poder y control. Para el pueblo el arca era un recordatorio del Dios al que servían. Era una evidencia del Dios de Israel en la vida cotidiana del pueblo.

El éxito de David como líder se debió a la incorporación de la dimensión espiritual en su vida privada y pública. No hay duda sobre su genio militar, su carisma con respecto al pueblo y sus muchas otras habilidades. Pero fue por su conexión espiritual y esta dimensión extra en su vida que David logró ser "el varón según el corazón de Dios" y alcanzó grandes logros. Los salmos dan la más clara evidencia de que David vivió una vida de oración. Revelan una convicción profunda de que Dios es real y que ese Dios interviene en los asuntos del ser humano y en su espiritualidad.

El resultado práctico de la espiritualidad de David fue la unidad. David estableció contacto humano y se ganó la confianza de los 400 hombres que lo acompañaron en el desierto. Vivió y sufrió con el pueblo. De los vagabundos de su pueblo formó y desarrolló una guerrilla temible. Al final logró dejar una lista envidiable de líderes valientes (1 Samuel 23).

Todo esto preparó a David para una tarea mayor: la tarea de la unidad del pueblo de Israel. David servía a Israel cuando el pueblo pasó de doce tribus a ser una sola nación. No le fue fácil mantener unida una nación formada por gentes que se pelearon por muchas generaciones. Ni fue fácil organizar un gobierno nuevo y eficaz con un pueblo que sólo conocía el autogobierno y que hacía lo que en el momento bien le parecía.

¿Por qué logró tanto David: un niño héroe, un siervo ideal, un guerrillero formidable y un rey cuyo trono permaneció? Porque mantuvo su conexión con el Señor. David fue un feroz guerrero, un diestro organizador, un competente estadista. Pero por encima de todo fue un amigo de Dios. Cuando perdió su contacto con Dios, lo volvió a recobrar, arrepentido (Salmo 51).

EL LÍDER Y SU ESPIRITUALIDAD

Se dijo en la introducción de este libro que el liderazgo cristiano es una tarea espiritual llevada a cabo por una persona espiritual, en cuya vida está la presencia del Señor continuamente y cuya mirada a su Dios, a su prójimo y a su mundo refleja el tenor y la realidad del contexto bíblico.

Lo que hace a un líder son las cualidades innatas de su persona, las capacidades que aprende de su cultura y los dones que le da Dios. Es el aspecto espiritual lo que distingue al líder cristiano. La zona de operación del líder cristiano es la espiritual. Tanto es así, que el llamarle líder espiritual resulta lo más adecuado. Por supuesto que es importante que un buen líder conozca bien la teoría, el proceso y los aspectos técnicos del liderazgo, pero el más grande provecho que puede tener un líder espiritual es ser espiritual en todo su sentido. Esto lo esperan sus seguidores y la sociedad.

La espiritualidad es una palabra que se oye mucho en estos últimos años. La palabra no tiene un equivalente directo en las Escrituras. La usan de varias maneras los diferentes teólogos y las diferentes tradiciones cristianas. La razón es que resulta un término complejo que recuerda una variedad de imágenes. En el contexto de la historia y la cultura occidentales, se cree que la espiritualidad es sólo para los ancianos y los que ya han muerto. O que es algo "interno", o sea, un asunto meramente del alma. Otros ven la espiritualidad como algo sólo entre Dios y el individuo. Y luego están los que la ven como la expresión de lo que Juan Wesley consideraba una "santidad social".

En fin, existen muchas definiciones de la persona espiritual. Pero aquí no nos referimos ni al místico recluso ni al presumido activista. Se usa el término en un sentido amplio y en su forma sencilla. Aquí se presenta la espiritualidad para definir la cualidad de la relación que existe entre el santo Dios y el ser humano en su totalidad. Esta relación es integral. Es una relación entre la totalidad de una persona con el Dios revelado en las Escrituras y de manera suprema en la persona de su Hijo, Jesucristo. La relación con Dios llega a tener un alcance total e integral. Es una dimensión tanto vertical como horizontal. Es igualmente en espíritu y en verdad (Juan 4:24).

El doctor Justo González dice en su libro *Mañana*[11] que la base de la espiritualidad es el Espíritu: el Espíritu Santo de Dios. Uno es espiritual no porque uno se preocupa más por las cosas espirituales que por lo material, sino por la presencia del Espíritu Santo en su vida. La persona espiritual es aquella en quien habita el Espíritu Santo.

La garantía de la espiritualidad cristiana es la presencia y el poder del Espíritu Santo en la vida del creyente. Es una continua y viva comunión con Dios. Es real y no meramente mística, porque se vive en medio del dolor y la alegría, en los fracasos y en los éxitos de la vida actual.

---

11   Página 158.

La espiritualidad es la activa presencia del Espíritu Santo en la vida. Es una reforma y transformación en la vida de la persona. Los deseos pasajeros de la vida pierden su atractivo. El anhelo primordial de la persona llega a ser su relación íntima y vital con Dios. Así fue como sucedió en la historia y la vida de David, quien confesó con pasión: "Porque mejor es un día en tus atrios que mil fuera de ellos. Prefiero estar en el umbral de la casa de mi Dios, que morar en la tiendas de impiedad" (Salmo 84:10).

Lo mismo ha de ser en la vida del líder de hoy día. Este es el liderazgo espiritual de que aquí se habla. Pero, ¿cuál es el líder espiritual?

El líder espiritual es aquel que pone en el centro de su vida su relación con Dios

La espiritualidad del líder consiste en la continua y habitual presencia de Dios en su persona y, consecuentemente, en el proceso de su liderazgo. Como ya se dijo, las acciones del liderazgo proceden primero del interior de la persona. Para bien o para mal, procede. El líder, consciente o inconscientemente, contagia a sus seguidores con la condición de su alma. Por eso se dice que el liderazgo espiritual de la iglesia se desprende de la experiencia espiritual del líder. La espiritualidad del liderazgo debe declararse y decir Emmanuel: Dios con nosotros.

Francis Schaeffer explica la espiritualidad de la siguiente manera. Es algo que surge desde una realidad positiva interna y se expresa en una manifestación positiva externa. No es sólo que uno muere a ciertas cosas de la vida, sino es que uno se enamora de Dios de tal modo que escoge vivir para Él. Es que uno elige y logra estar en comunión con Él en nuestro tiempo histórico. Opta por amar al prójimo como Jesús lo mandó, y escoge vivir y comunicarse con el prójimo en este tiempo de la historia.[12]

El líder vive en una continua comunión con Dios

La espiritualidad del líder es la conexión integral, el contacto continuo y la comunión completa que tiene ese líder con Dios. No se está hablando aquí de las expresiones que suelen definir la espiritualidad, tales como la vestidura, costumbres de oración, algún estilo de música o ritos eclesiásticos. Todo eso tiene su lugar dentro del contexto de la comunidad cristiana a la que uno pertenece. En realidad todo se pone en su debido lugar cuando existe una espiritualidad genuina.

---

12   Dallas Willard, *The Spirit of the Disciplines*, página 77.

La espiritualidad que aquí se menciona tiene que ver más con el enlace y la consecuencia entre la creencia y la práctica del líder. Es la conexión entre la vida privada y la pública, la vitalidad de la vida devocional y del servicio, la vivencia de la tarea y la misión. Es la relación viva entre la profesión y la misión. Es todo esto y más.

La vida espiritual del líder estriba en el intelecto, la emoción y el alma. Estas tres facultades se integran como una sola unidad en la vida espiritual del líder. Si uno limita el liderazgo a lo intelectual y práctico, llega a ser algo abstracto y frío. Si se restringe a lo emocional y psicológico, se convierte en un narcisismo. Y si se circunscribe al alma y el espíritu del líder, pierde su conexión con el mundo. El intelecto, la emoción y el alma dependen los unos de los otros para hacer completa la obra del liderazgo en la vida y en la experiencia de los seguidores.

El líder busca una experiencia personal e integral

El liderazgo espiritual proviene de la experiencia espiritual del líder. La palabra "experiencia" viene del verbo latino *experiri,* que significa "descubrir" o "aprender". Es lo que uno descubre y aprende por sí mismo. La experiencia es la historia de cada memoria. Es única, singular y deja su marca en cada persona.

La experiencia integral del líder incluye todas sus facultades: la mente, el alma y el espíritu. Se convierte en un aprendizaje continuo, un incesante descubrimiento y una interminable invención de aquello único y singular que nos ha ocurrido. La experiencia va más allá de un mero experimento. El experimento es un proceder físico, una simple prueba; es algo mecánico, calculado y rutinario.

Toda la vida y toda la tarea de un líder debe estar rendida al Señor. Los pensamientos deben estar empapados de Dios. La mente y el corazón del líder deben ser exclusivamente dedicados al Señor. Es éste el líder que logrará ver y entender a la iglesia y al mundo a través de los ojos de Dios. Es el líder que vive una vida en total contacto con Dios.

Por esta razón se nos amonesta: "Con toda diligencia guarda tu corazón, porque de él brotan los manantiales de la vida" (Proverbios 4:23). Si sucede un desenlace o una desconexión, se pierden el propósito y la visión de la obra. Del corazón y de la experiencia emana un liderazgo espiritual y efectivo.

HUMO EN LA CHIMENEA

En el año 1957 tomamos mi esposa y yo nuestro primer pastorado. Teníamos sólo veinte años de edad y fue en una aldea de las montañas del norte de Nuevo México. Nos hospedamos en la casa de uno de los diáconos de esa congregación.

Al siguiente día de nuestra llegada el diácono nos llevó a conocer el templo y la casa pastoral. Recuerdo sus palabras:

—Esta es una iglesia antigua e histórica. Hemos gozado de buenos pastores.

Prosiguió nombrando los pastores destacados, algunos de los cuales yo conocía y admiraba.

—Pero también hemos tenido malos pastores —recalcó.

Sentí entonces el codo de mi esposa en mis costillas, que parecía decirme: *Ahora viene una lección.*

—Fulano no visitaba a los miembros, mengano no predicaba bien . . .

Yo le interrumpí:

—¿Y qué le molesta más de un pastor?

Por un lado deseaba poner alto a sus críticas y por otro quería conocer lo que esperaba del nuevo pastor.

—Que duerma hasta tarde —me respondió.

—¿Y cómo puede usted saber eso? —le pregunté.

El viejo *pick-up* nos llevó cerca de la casa pastoral. Dijo el diácono:

—Yo paso por aquí muy temprano cada mañana hacia mi trabajo. ¿Ves esa casa a la derecha? ¿Y ves la chimenea? Pues de allí sale humo cada mañana —me dijo.

Se acostumbraba a conseguir la calefacción a base de leña.

—¿Y ves la casa a este otro lado de la calle? ¿Ves la chimenea?

Volví a contestarle que sí.

—Allí hay humo cada mañana. Ahora bien, ¿ves aquella casa al fondo? Esa es la casa pastoral. ¿Ves la chimenea? ¡Pues allí no se ve el humo!

¡Ah!, estos hermanos desean ver humo en la chimenea, concluí. Por lo tanto yo madrugaba y encendía fuego en el calentador de leña. ¡Había humo en la chimenea cada mañana! Y en cada culto aquel diácono se sentaba en las primeras bancas y en su rostro tenía una gran sonrisa. La verdad es que todos los miembros se encontraban contentos con su nuevo pastor. Al ver humo en la chimenea sabían que su pastor se levantaba temprano para estudiar y orar.

Recuerdo la luna de miel con mi primera asignatura ministerial. Recuerdo el ánimo y la dedicación de esos primeros días y años. Pero como suele suceder, pasó el tiempo y este nuevo pastor gozaba de su éxito. No dejé de madrugar y de mantener el humo en la chimenea, pero la llama del fuego inicial en mi alma comenzó a apagarse. Dejé de dedicarle tiempo a la oración y al estudio de la Palabra. ¿La razón? El ministerio creció y con ello muchas otras ocupaciones. Algo en mí ya no repetía el consejo del apóstol Pablo, cuando nos dijo: "Ocúpate en la lectura de las Escrituras, la exhortación y la enseñanza" (1 Timoteo 4:13). Mi mente ahora se encontraba llena de planes y programas de expansión. El tiempo lo pasaba en asuntos de la iglesia y de aquella comunidad pequeña. Mi familiaridad con la obra, el favor y el aprecio del pueblo y el éxito en general, substituyeron el calor que en un tiempo sentía en la presencia del Señor. Andaba cerca de su pueblo pero me sentía más lejos de Dios. Podía influenciar al pueblo, pero dejaba menos oportunidades para que Dios me influenciara a mí.

Bien recuerdo aquella mañana cuando descubrí el vacío que se había creado en mi corazón. Por fuera abundaban las señales y evidencias del éxito, pero dentro de mí existía un vacío, una insatisfacción. Sabía que algo faltaba, aunque no sabía qué era lo que faltaba. Quizá si hubieran existido evidencias de un ministerio fracasado o mediocre hubiera puesto la culpa allí. Pero no, el fracaso existía por dentro.

Aquella mañana me senté bajo un árbol en un monte cerca de la casa pastoral para examinar mi vida y mi ministerio. Esta vez sólo tenía mi Biblia a la mano. No llevé como de costumbre otros libros o comentarios, únicamente la Biblia. La abrí en la Segunda Epístola del apóstol Pablo al joven Timoteo (yo contaba entonces veintiún años de edad), y leí: "Por lo cual te recuerdo que avives el fuego del don de Dios que hay en ti por la imposición de mis manos" (2 Timoteo 1:6). ¡Recuerda y aviva el don de Dios en ti!

El apóstol sabía que como humanos tenemos la facultad de retener y reproducir las ideas concebidas y las experiencias pasadas. Tenemos la facultad de reproducirlas cuando hay la necesidad de recordarlas, tal como David añoraba los tiempos de su niñez y juventud. Llamamos a esta facultad *memoria* y llamamos al contenido de ideas y experiencias *recuerdos*. La memoria y los recuerdos, buenos y malos, nos ayudan a percibir el mundo que nos rodea. Éstos nos ayudan a ver y a entender nuevas impresiones y nuevos desafíos.

Aquel día en el monte recordé, a la luz de lo que dijo Pablo, una nota que escribí durante una clase de teología pastoral en mis días de estudiante en el Instituto Bíblico: "La crisis verdadera en el liderazgo es una crisis del corazón y una crisis del carácter de las personas y no del proceso ni de las técnicas." Esto resonó en mi corazón y comencé a recordar aquellos días de estudiante cuando tenía poca experiencia pero tenía la certeza de quién me llamó al ministerio y para qué fui llamado. Entendí ese día que mi crisis se debía a que me faltaba la claridad y ese fervor que tuve en un tiempo. El tiempo lo había pasado estudiando métodos y temas, buscando herramientas y recursos, escribiendo planes y programas. Los aspectos internos del liderazgo habían cedido el lugar a los aspectos externos. El proceso del liderazgo fue más importante que la persona en liderazgo.

Pedí perdón al Señor por ello y, después de un buen rato en su presencia, descendí del monte una persona y un líder diferente. Volvió a tener no sólo humo mi chimenea, sino fuego también. *Dios redactó de nuevo el texto de mi vida*; así exclamó el salmista David, según la versión *The Message* (Salmo 18:24), o sea, el Señor cambió el destino de mi ministerio y de mi vida.

Principios Prácticos

1. No es lo que hacemos por Dios, sino lo que Dios hace por nosotros.

2. Conoce la naturaleza humana y el ambiente de tus seguidores.

3. Establece un contacto humano y discierne las motivaciones.

4. Aprende a escuchar bien a tus seguidores.

5. Trata de obtener información vital antes de tomar tus decisiones.

6. Inspira confianza en tus seguidores.

7. Crea un sentir de comunidad y compromiso.

8. Rodéate de grupos de respaldo.

9. Establece alianzas fuertes.

10. Reconoce la imagen de Dios en todo individuo.

11. Persuade a otros no con la fuerza, sino con tu ejemplo.

Capítulo 5

El líder y su carácter: integridad

LÍDERES DE INTEGRIDAD

Decía recientemente un líder veterano a unos jóvenes seminaristas: "Lo que amenaza más a la iglesia son los líderes con vidas que miden una milla de anchura, pero sólo una pulgada de profundidad." Un líder íntegro no es superficial, porque tiene virtud moral. Es una persona recta y honrada. Es, en otras palabras, una persona de carácter.

¿Cómo se conoce el carácter de una persona? Juan viste bien y se presenta bien ante el público. Sara tiene una positiva imagen de sí misma y es muy inteligente. Pedro viene de familia pobre y ahora es un excelente alumno.

Estas personas poseen muy buenas cualidades. Son dignas de admirarse, pero nada se sabe de su carácter. En cambio, Fernando se conoce por su disciplina. María, porque es una persona honesta y justa. Y Jacobo es un hombre de su palabra. Todas estas personas revelan más que la mera apariencia externa; tienen fortaleza interna. Son personas de buen carácter.

El carácter tiene que ver menos con la apariencia y más con (1) el tipo de persona que se es internamente, (2) las intenciones, (3) la disposición, (4) si se es persona de su palabra y (5) de reacciones previsibles. El carácter es la base de la integridad. La definición más sencilla de "integridad" es cumplir lo que se promete. La integridad es hacer lo que prometimos hacer como líder y como iglesia.

EL SEÑOR MIRA EL CORAZÓN

David fue un ejemplo de la transformación del carácter por la obra del Espíritu de Dios. Llegó a ser "el varón según el corazón de Dios". La espiritualidad de David que vimos en el último capítulo se reflejó en su carácter. El Espíritu de Dios en el espíritu de David llegó a reflejarse en el exterior por medio del carácter de este último. No fue una transformación de carácter instantánea, sino más bien un desarrollo lento y constante.

Conocer la vida de David es conocer la gracia y la misericordia de Dios. En la vida de David encontramos todas las condiciones de nuestra humanidad con todo el potencial de lo divino. Las manchas en la vida de David son iguales a las condiciones humanas que todos poseemos.

No obstante, David reconoció la presencia de Dios en su vida desde temprana edad. Esto fue lo que Jehová vio y así le dice al profeta Samuel: ". . . el hombre mira la apariencia exterior, pero el Señor mira el corazón" (1 Samuel 16:7). Ya había en David cierta inclinación espiritual. Su vida y carácter se desarrollaron al nivel de llegar a ser lo que hoy conocemos como "el varón según el corazón de Dios".

Cuando Jehová veía el corazón lo que buscaba era un hombre de carácter. La palabra *carácter*, en su forma más sencilla, es un grabado o una estampa. El carácter es la estampa o el sello que deja el alma en la persona, y ese sello, esa huella, se refleja por fuera. El carácter revela todas las esferas de una persona. El carácter penetra la conducta, las opiniones, las esperanzas, los sentimientos y las creencias.

David supo abrazar toda la gama de su humanidad

David es un recuerdo constante de que Dios ve más allá de las apariencias; ve el corazón. Por fuera la Biblia describe a David como "rubio, de ojos hermosos y bien parecido" (1 Samuel 16:12). Pero su historia revela a un personaje con muchas fallas y deficiencias. Su manera de hablar y sus modales eran cuestionables. La mentira al sacerdote Ahimelec en el santuario (1 Samuel 21 y 22) o el trato áspero a Nabal (1 Samuel 25) son ejemplos de esto.

Sin embargo, la humanidad de David no consistió en una dimensión ideal. Representa más bien una dimensión verdadera. Es decir, fue una vida imperfecta con las tendencias que todos nosotros en la actualidad tenemos. La vida de David es la de un héroe y la de un modelo. David venció, mató gigantes y vivió una vida normal. A un héroe se le observa y se le admira de lejos. En cambio, un modelo es para imitar.

En el Salmo 139, David confiesa: "Te alabaré, porque asombrosa y maravillosamente he sido hecho" (v. 14). Los salmos manifiestan los sentimientos y valores estéticos del pastorcillo David. Y las anécdotas de su vida adulta manifiestan sus valores humanos. David apreció la creación y las criaturas de Dios. Desde su niñez amó a la naturaleza que le rodeaba. Son pocas las personas que gozan de la creación de Dios como David.

Dios vio en David su carácter tosco, pero con el potencial de ser refinado. Es una vida que luce no por su moralidad, ya que tuvo muchas manchas. Tampoco luce la vida de David por su valentía ante Goliat o por sus proezas militares. Resplandece su vida porque logró ser un verdadero ser humano.

La vida de David es un ejemplo vivo que nos ayuda a comprender mejor cómo Dios forma nuestras vidas con todas sus complejidades. Cuando David alaba a su Creador porque le cambió el destino de la vida (Salmo 18:24), lo que fue cambiado fue su carácter. Esta fue la mudanza más importante en su vida. La presencia de Dios en el alma de David transformó su carácter. Ahora bien, ¿qué cambios hubo en la vida y el carácter de David?

David superó su trasfondo conflictivo y aprendió la honestidad

Desde temprana edad David tuvo un trasfondo conflictivo. Mucha gente ignora los muchos escarnios de David. Fue el menor de la familia. La palabra *haqqatan* (1 Samuel 16:11) quiere decir el más insignificante, el redrojo o, incluso, el canalla de la familia. Su padre lo pasó por alto y no lo presentó ante Samuel, el profeta, junto con sus hermanos. Sus hermanos le odiaron (1 Samuel 17:28). Como en el caso de José, el hijo de Jacob, los hermanos de David le tenían envidia. Estos abusos en su vida sin duda fueron motivación para el desarrollo de una sensibilidad al valor y a la dignidad humana.

La honestidad de David viene de su respeto hacia las otras personas. Desde joven decidió no tratar a otros como se le había tratado a él. Fue perseguido por su primer jefe, Saúl. Tuvo ocasión y oportunidad de matarlo y así salvar su propia vida. Pero David decidió honrar la unción de Dios hecha sobre Saúl como rey. Fue traicionado por sus propios hijos. Pero rehusó darles muerte, contrario al criterio de sus consejeros y a la práctica de esos días. David impidió que su trasfondo negativo se convirtiera en pretexto para no cumplir los propósitos de Dios.

El propósito de Dios era refinar su carácter tosco. Cuando David abusó de su autoridad y violó los principios y valores humanos, las lecciones de Nabal (1 Samuel 25) y de Urías (2 Samuel 11) le resultaron amargas. Fue así que David aprendió que a los seres humanos no se les debe tratar como a objetos o como a cosas sin valor. Es decir, este respeto a la dignidad humana es la fuente de todo el derecho que David demostró en su gobierno, durante una época cruel e inhumana.

David vio su vocación como una extensión de la soberanía de Dios

El trabajo para David fue una extensión y una representación de la soberanía de Dios en su vida. "¿Qué es el hombre . . .?", pregunta David en

Salmo 8:4, y luego confiesa: "Tú le haces señorear sobre las obras de tus manos; todo lo has puesto bajo sus pies" (8:6). La primera labor después de ser ungido fue la de siervo: servirle al rey Saúl (1 Samuel 16:14–23). Lejos entonces se encontraba David del rebaño de ovejas de su niñez. Su nueva asignatura era en el palacio del rey, pero allí pudo traer paz y alegría con su música. David usó este tiempo para estudiar cuidadosamente cada movida del rey y su voluble personalidad, mientras le servía fielmente. Fue allí que David se propuso no dejar que la amargura tomara su corazón. El corazón tierno de David no le permitió amargarse; antes fue el secreto de su capacidad para arrepentirse (Salmo 51).

En el palacio de Saúl se da el caso de dos reyes ungidos por el profeta Samuel. Uno se sentaba al trono y el otro se sentaba con el arpa. Era un rey que servía a otro rey. Uno reina y el otro sirve. David era el siervo. Nunca reclamó ni se aferró (Filipenses 2:6). Tampoco usurpó el derecho al trono. Entre ambos, Saúl y David ejercían los dos elementos del liderazgo: el gobierno y el servicio. Estas experiencias y este conocimiento le sirvió a David después cuando llegó a ser rey. Aprendió que Dios recompensa la fidelidad. Generaciones después, Jesús, el hijo de David, expresaría esta verdad al decir: ". . . en lo poco fuiste fiel, sobre mucho te pondré" (Mateo 25:23). El liderazgo de Dios comienza de abajo hacia arriba y no al contrario. Y la cualidad que David nos demuestra es no sólo la honestidad, sino la humildad, para cumplir lo dicho también por Jesús: ". . . cualquiera que se humille, será ensalzado" (Mateo 23:12).

David se desarrolló en sus aptitudes físicas, sociales y morales

Antes de llegar al trono, le esperaban muchas experiencias que darían formación al carácter y la vida de David. El desafío de Goliat (1 Samuel 17) puso a prueba la fe y la confianza en Dios que David fomentó desde su niñez. El Dios que lo libró de los osos y los leones lo libró del gigante. Aunque otros veían en el encuentro la amenaza física y política de los filisteos, David veía más allá una amenaza al honor del Dios de Israel y la posible perdida de la identidad de su pueblo. Dios conocía la valentía y el coraje de aquel futuro rey.

La amistad de David con Jonatán (1 Samuel 18—20) nos presenta un marco más privado de su vida. Fuera del palacio y lejos de los aplausos que le trajo el heroísmo, David tenía un corazón tierno y afable. El compañerismo era un aspecto de su espiritualidad. Supo ser un buen amigo. Supo compartir sus secretos y temores con otros. No vivió una vida solitaria.

En el desierto Dios acrecentó en David sus aptitudes sociales y morales (1 Samuel 27). David huyó al desierto cuando su amigo Jonatán le hizo saber que Saúl deseaba matarlo. Diez años de su vida anduvo huyendo por el desierto. Sin embargo David no fue un "llanero solitario". La formación de su carácter social y moral en gran manera tuvo lugar en el desierto. En la compañía de cuatrocientos hombres que siguieron a David, queda demostrada su capacidad organizadora. Se puede ver la formación de una comunidad y un prototipo del pueblo y de la iglesia de Dios.

David desarrolla virtudes espirituales

En el capítulo cuatro vimos la vida espiritual de David. Para David, Dios está en control de todo. Dios está presente y activo en los asuntos comunes de la vida. Estos dos principios estaban grabados en el alma de David y ahora se reflejan por fuera. El carácter de David revela una marcada transformación física, moral y especialmente a nivel espiritual.

David llegó a ser una persona generosa. La palabra *generosidad* no sólo nos habla de un espíritu de liberalidad y donación; nos señala también la idea de *género*. De género viene la idea de origen o familia. De ahí la palabra *generación*. Pero si ya vimos que en la familia existía la avaricia y las envidias, ¿de dónde pues esta virtud?

La generosidad es un don, o sea, una donación de Dios. Pero se debe ejercitar para que crezca. Dice Pablo que "el que siembra abundantemente, abundantemente también segará" (2 Corintios 9:6). Y el proverbio dice: "El alma generosa será prosperada . . ." (Proverbios 11:25). Aun cuando David no recibió esta virtud de su familia, él la pasó a Salomón, quien escribió el proverbio que se acaba de citar.

En segundo lugar, la palabra *generosidad* invoca las ideas del perdón, la clemencia y el olvido. David no sólo fue perdonado, sino que aprendió a perdonar. Después de haber derrotado a los amalecitas en la guerra, llegó la hora de dividir el botín. En el arroyo de Besor (1 Samuel 30:21–24) David divide el botín. Le dio una porción a 200 de sus hombres que no le siguieron a la guerra. Los hombres que fueron a la guerra dijeron indignados: "Porque no fueron con nosotros, no les daremos nada del botín que hemos recuperado . . ." Pero David, con un espíritu generoso, dijo: "No debéis hacer así, hermanos míos, con lo que nos ha dado el Señor, quien nos ha guardado y ha entregado en nuestra mano la banda que vino contra nosotros." Y David repartió partes iguales a los que fueron a la guerra como a los que se quedaron detrás.

Estos hechos y muchos otros que realizó durante su reinado, son los que lograron la fama de David que hoy leemos en las Escrituras: "David reinó sobre todo Israel, y administraba justicia y derecho a todo su pueblo" (2 Samuel 8:15).

COMO OVEJAS SIN PASTOR

Siglos después, viendo a las multitudes que le seguían, Jesús, el hijo de David, "tuvo compasión de ellas, porque estaban angustiadas y abatidas, como ovejas que no tienen pastor" (Mateo 9:36). Otra versión dice que estaban "dispersas". La preocupación de Jesús no era en esta ocasión por el hambre o la falta de techo. Eran las condiciones internas y morales de los que le seguían las que movieron a Jesús. No era una padecimiento físico el que esas personas sufrían.

Angustiadas nos da a entender que la condición iba más allá del hambre física, que también tenía este pueblo. Aquí se habla de angustia mental, de tormentos, de dolor y de agotamiento. El calificativo de *abatidas* nos habla de un desaliento, de pesares, infortunios o pasiones. Uno decae o desfallece físicamente, pero quien se abate se humilla, se desanima o se empobrece. También están *dispersas* las gentes cuando están desorganizadas o se ven separadas porque falta la unidad. Los tres términos nos indican lo que preocupó a Jesús.

El significado de las palabras describe la condición de las multitudes. El hecho de que Jesús fuera movido a profunda compasión, nos da la certeza de que era más que una preocupación por pan. Jesús señala la causa y la solución. El pan solo no hubiera sido la solución. El problema es que no había pastor que ofreciera el cuidado que se demandaba. Y la demanda no era sólo la del momento, sino una condición que prevalecía más allá de ese día. Era una reflexión del vacío existente en el liderazgo espiritual de aquel día.

Lo mismo se está viendo en el día presente. En un programa de televisión se les hacía la siguiente pregunta a varios líderes nacionales: "¿Cuál es la crisis más grande que afecta a la nación norteamericana y a la civilización occidental en estos días?" La respuesta unánime de los comentaristas fue: "La crisis más grande de la sociedad moderna no es económica ni es ecológica. La crisis más grande es la crisis del corazón, una crisis del carácter."

Los problemas de ética moral y social están minando las condiciones de la sociedad. La falta de piedad e integridad en el corazón del liderazgo ha creado un vacío tanto en la iglesia como en la sociedad. Como ya se dijo en la introducción de este libro, desde hace cien años el enfoque de la teoría sobre el liderazgo ha sido sólo sobre las calificaciones del líder y no acerca del carácter del líder.

¿Cómo se solucionan los problemas de un pueblo abatido? La solución está en el liderazgo. Jesús vio la condición del pueblo y no dijo que necesitaba un pastor. La solución es personal y no simplemente ideológica. El problema es la falta de carácter en la gente y en el líder. Pero el cambio que se desea ver en el pueblo tiene que suceder primero en el líder.

El contexto de las últimas cuatro décadas ha influenciado hacia la consecución de un liderazgo que se ocupe de las necesidades de sus seguidores. Los cambios sociales y políticos han resultado en varios tipos de liderazgo con una imagen débil de lo que es un líder. Las motivaciones son muy superficiales. Mencionaré sólo tres de estas modalidades de líder.

El líder como un empresario o administrador

Es decir, el tipo de líder que busca obtener logros en la vida. Su tiempo y sus talentos son usados para hacer avanzar la causa o el proyecto. Nada que no haga avanzar la organización se considera. Sólo lo que contribuya a lograr la meta es legítimo. Y no es que esto sea malo o que no debamos ser agresivos a la hora de alcanzar nuestros propósitos, pero los medios y los fines no deben ser confundidos.

El líder organizador o gerente

Este es el tipo de líder cuyo fin es una organización eficaz. Desea efectuar con facilidad la tarea que propone. Toda acción se hace con el fin de la eficiencia y el control. Aunque es admirable la eficiencia, no se deben descuidar los otros valores del liderazgo. El líder debe no sólo ver que las cosas sean bien hechas, sino debe procurar el mejor bien para sus seguidores.

El líder como un terapeuta o gurú

Los efectos negativos de este período han dejado a personas con una muy baja autoestima. Esto ha creado la idea de que el verdadero líder es aquel que sólo se ocupa en ofrecer un buen sentir a sus seguidores. Sin embargo, por más importante que sea la imagen propia y saludable de una persona, existen verdades y virtudes que son necesarias en la vida, aun cuando no nos hagan sentir bien.

Mi queja contra estos tipos de líderes es en cuanto a los valores y metas. En el primer caso la meta de un líder es el progreso y el avance. En el segundo, el líder se conforma con la eficiencia y el buen orden. Y en el tercero, el líder se conforma con el buen sentir de sus seguidores. Todas estas metas son buenas y tienen su valor. Este mundo estaría en peores condiciones sin estas metas. Pero el avance, el orden y el placer como metas no satisfacen el objetivo que el Señor tiene para un líder cristiano y espiritual.

El problema del liderazgo espiritual en cuanto a las definiciones populares tiene que ver con las metas y las motivaciones. Las metas y las motivaciones de un líder espiritual van más allá de las metas y motivaciones de la sociedad en general. Por buenas que puedan ser las metas en la sociedad, nuestras metas como líderes espirituales son más elevadas. El liderazgo espiritual tiene un llamado más elevado y más profundo.

Las metas del líder espiritual están incorporadas en el evangelio que se le ha dado a propagar. El evangelio ofrece "buenas nuevas"; trae una nueva esperanza y visión a las multitudes angustiadas y abatidas. Donde no hay visión los pueblos perecen. Las buenas nuevas no vienen en forma de nuevas filosofías, sino en forma de hombre (Filipenses 1:5), y en la forma de mujeres y hombres cambiados y visibles. Jesús vino a enseñarnos cómo vivir nuestra humanidad. Jesús vino a darnos un ejemplo en carne y hueso de cómo vivir los altos y nobles propósitos de Dios. Jesús es el líder modelo y es el ejemplo. En consecuencia, el líder espiritual es el ejemplo en la sociedad donde vive. Pablo, el apóstol, le dice al joven Timoteo: "Sé ejemplo de los creyentes en palabra, conducta, amor, fe y pureza" (1 Timoteo 4:12).

El carácter cristiano no sólo es la meta del evangelio, sino es también el resultado o el fruto del evangelio. El liderazgo cristiano no puede evadir esta obligación. Es su desafío más grande en una sociedad que no está produciendo gente piadosa y virtuosa. Pero el líder espiritual ha de hacer en su vida el cambio que desea ver en la sociedad. Es un llamado noble, que requiere un carácter que refleje la bondad, la piedad, la integridad y la virtud.

EL LÍDER Y SU CARÁCTER

Como dijimos, David se hizo la pregunta: "¿Qué es el hombre . . . ?" Luego vino la contestación: "Lo has hecho un poco menor que los ángeles, y lo coronas de gloria y majestad. Tú le haces señorear sobre las obras de tus manos; todo lo has puesto bajo sus pies" (Salmo 8:4–5). David entendía que Dios ha dado al hombre la tarea y la capacidad del liderazgo sobre su creación.

No hay, pues, excusas para no desarrollar el carácter que Dios y la tarea misma demandan del líder. Dice el apóstol Pedro: "Pues su divino poder nos ha concedido todo cuanto concierne a la vida y a la piedad . . ." (2 Pedro 1:3). En la creación de los seres humanos Dios incluyó el dominio e incorporó el potencial del carácter humano necesario para gobernar. Pero el pecado vino a desfigurar la imagen innata en el hombre. Hoy las buenas nuevas del evangelio son que Jesús vino a restaurar aquella imagen y aquella capacidad y así cumplir los propósitos de Dios para su creación.

La piedad que menciona el apóstol Pedro es aquella tendencia innata en la persona de ir hacia Dios. La persona piadosa es aquella que se distingue por su intimidad con Dios, su Creador. Es la piedad la que hace que la persona ponga sus ojos en Cristo y lo hace querer ser más como Cristo. Se entiende mejor el significado de la piedad cuando se compara con sus sinónimos: el amor y la caridad.

> El amor consiste en un sentimiento; la caridad, en una obligación; la piedad, en una creencia. El amor es afectivo; la caridad, moral; la piedad, religiosa. El amor nos lleva a la familia; la caridad, al prójimo; la piedad, a Dios.[13]

Dios, dice el Génesis, vio separadamente las cosas de la creación y le parecieron "buenas" (Génesis 1:10, 12, 18, 21, 25); las vio en conjunto, y le parecieron "muy buenas" (Génesis 1:31). En cada día de la creación se dice: "Y vio Dios que era bueno." Pero en el sexto y último día de la creación, las Escrituras dicen: ". . . y he aquí que era bueno en gran manera."

La condición esencial de la creación fue buena en gran manera por dos razones. Primero, porque la obra total de la creación fue completa. Y segundo, por la elaboración de su creación especial, el ser humano. Dios dijo: "Hagamos al hombre a nuestra imagen, conforme a nuestra semejanza; y ejerza dominio . . . Creó, pues, Dios al hombre a imagen suya, a imagen de Dios lo creó; varón y hembra los creó" (Génesis 1:26, 27).

Por lo tanto, el potencial del carácter del humano procede del ser hecho a la imagen de Dios. El salmista dice también: "Bueno y recto es el Señor" (Salmo 25:8). "El Señor es bueno para con todos, y su compasión, sobre todas sus obras" (Salmo 145:9). Dios es bueno en verdad. Jesús mismo dijo: "Nadie es bueno, sino sólo uno, Dios" (Lucas 18:19). La bondad es propiedad y esencia solamente de Dios. Pero como ya hemos visto, Dios la ha transferido a sus criaturas, a través de su imagen. Alguien lo explicó de esta manera elocuente: "Bondad es la excelencia substancial que la Causa Suprema quiso dar a todas las cosas que creó, como si participaran de su sabiduría, de su perfección y de su poder."[14]

Así que llevamos en nuestra constitución humana la esencia de Dios, es decir, su bondad. Llevamos también la inclinación hacia lo divino, que es la piedad. La integridad consiste en honrar con rectitud y responsabilidad

---

13   Samuel Vila, *Diccionario etimológico de sinónimos castellanos*, CLIE.
14   Samuel Vila, op. cit., página 82.

esa "excelencia substancial" en que nuestro Creador nos ha permitido participar. La virtud es la práctica de esa bondad y la formación de hábitos de piedad.

El carácter del líder espiritual lleva el sello de la bondad, piedad, integridad y virtud hacia Dios, hacia sí mismo y hacia los demás.

Un carácter que refleje la misericordia y compasión de Dios

La misericordia es una virtud espiritual. Dios es un Dios misericordioso; es su esencia. Después que el profeta Natán reveló la transgresión de David (2 Samuel 12:7), David reconoce su pecado y responde a la misericordia de Dios: "Ten piedad de mí, oh Dios, conforme a tu misericordia; conforme a lo inmenso de tu compasión, borra mis transgresiones" (Salmo 51:1). Siglos más tarde el apóstol Pablo reconoce a este Dios misericordioso, diciendo: "Bendito sea el Dios y Padre de nuestro Señor Jesucristo, Padre de misericordia y Dios de toda consolación" (2 Corintios 1:3).

Estas son las buenas nuevas que vino a traer y a demostrar nuestro Señor Jesucristo. Él es el Emmanuel: Dios con nosotros. Está con nosotros y "nos ha concedido todo lo que necesitamos" para cumplir sus propósitos en nuestra vida y ministerio. Jesús es Dios-Siervo, quien lava nuestros pies y sana nuestras heridas. Él es el obediente Dios que escucha y responde a su Padre con infinito amor.

No sé si como líderes estamos convencidos de la misericordia de Dios. ¿Por qué no acudimos a Él cuando hemos fallado o fracasado? Con muchos colegas me he sentado a oír sobre los profundos secretos de su vida. Por meses y aun años han llevado en sí sus fallas y pecados. Llega el tiempo de la desesperación cuando ya no se aguantan y vienen a compartir su dolor. No sólo escucho su dolor; lo puedo ver y sentir en su persona y en su cuerpo. Cuando pregunto: "¿Ya se lo has dicho al Señor?", la respuesta de una gran mayoría ha sido: "No, no creo que esta vez el Señor me perdone."

¿Cuál es la solución? Yo he encontrado que lo que hace falta recordar a estos líderes es lo que ya saben: que Dios es misericordioso. Lo enseñan y lo predican, pero se les ha olvidado aplicarse a sí mismos la verdad. Yo lo sé porque a mí me ha acontecido. Siempre hay que recordar el proverbio que dice: "La misericordia y la verdad nunca se aparten de ti; átalas en tu cuello . . ." Nótese que esto va dirigido a líderes, porque continúa: "Así hallarás favor y buena estimación ante los ojos de Dios y de los hombres . . . Será medicina para tu cuerpo y refrigerio para tus huesos " (Proverbios 3:3, 4, 8). Muchas son las aflicciones físicas como resultado del agotamiento mental y de la depresión moral que sufren los líderes hoy día. "Muchas son las aflicciones del justo, pero de todas ellas lo libra el Señor" (Salmo 34:19).

Por consiguiente, el que recibe misericordia debe ejercer esta virtud suprema. La misericordia es divina. El que tiene misericordia se compadece. La compasión, en cambio, es una virtud moral. El que se compadece siente pesar. Compasión es lo que David mostró hacia Mefiboset (2 Samuel 9), el descendiente del rey Saúl e hijo de Jonatán.

El reinado de David se caracterizó por la justicia y la equidad (2 Samuel 8:15). Pero también existió un elemento que hace posible estas cualidades. Ese elemento es el amor fraternal. El amor que David tuvo hacia Jonatán ahora se expresa en compasión hacia el hijo de Jonatán.

La compasión nos pide ir a donde existe el dolor. Como Jesús, la compasión ve a la gente angustiada y abatida. En comunión con Jesucristo somos llamados a ser misericordiosos y compasivos. "Sed misericordiosos, así como vuestro Padre es misericordioso" (Lucas 6:36). Es la compasión la que nos compele a entrar a lugares donde reina el temor, la confusión, y el quebrantamiento. La compasión nos llama a llorar con los que lloran y a lamentarnos con los que se lamentan. La compasión nos desafía a hacernos débiles con el débil y empobrecernos con el pobre. La compasión, en otras palabras, nos sumerge en la condición de los seres humanos.

Desafortunadamente la compasión no es la preocupación principal de muchos líderes hoy día. Nuestra preferencia primordial sigue siendo la competencia y la rivalidad. Estas son las motivaciones principales de nuestro liderazgo. "Mi iglesia es mejor que la iglesia de fulano. Mi grupo es superior al grupo tal", se escucha con frecuencia de los labios de líderes. Todo lo que hacemos como líderes depende de la manera en que nos comparamos unos con otros. Nuestra identidad se forma a partir de las diferencias y las distinciones que hacemos. A base de esto somos recibidos o rechazados. En esos criterios basamos nuestra autoestima.

Esta competencia penetra hasta los últimos rincones de nuestras relaciones. Nos impide entrar en una completa solidaridad como hermanos y amigos que somos. Nos priva de ser compasivos, porque el ser compasivos requiere que borremos las líneas que nos dividen y demanda descartar nuestras diferencias, algo que no estamos dispuestos a hacer.

Un carácter que refleje la humildad y la gratitud

La condición básica y fundamental de nuestra humanidad es Dios. Fuimos creados por Dios. Somos redimidos por Dios. Somos bendecidos por Dios. Lo que tenemos fue provisto por Dios (Colosenses 1:16). Somos amados por Dios. Es un pecado ignorar esta condición básica y esta relación entre el Creador y su criatura. El pecado es el intento de ser como Dios o hacer otros dioses. De allí que el pecado no es esencialmente moral sino espiritual, porque dejamos de reconocer la naturaleza de Dios. No le damos a Dios el lugar que se merece ni aceptamos el lugar que ocupamos como humanos.

La falla más grande de nuestro tiempo es la de no reconocer la posición y la relación entre el Creador y sus criaturas. El orgullo es una hinchazón del alma y la altivez del espíritu. La persona orgullosa está hinchada de amor propio y de vanidad. Es una enfermedad antigua que lleva el hombre en su corazón, pero que se manifiesta en nuestra época en la altanería procedente de los muchos éxitos, los muchos trofeos y las muchas posesiones acumuladas.

El espíritu competitivo que ya se mencionó y que prevalece en nuestros días, ha causado la envidia. El envidiar, decimos, es muy humano. Creemos ser sanos al procurar imitar y trabajar para mejorarnos en la vida. Pero el tener envidia va más allá. Es el sentimiento de inquietud y ansiedad de que otra persona posea lo que uno quisiera poseer. Cuando no se logra tener lo que el otro tiene, se procura destruir. La envidia procede de la emulación y de la rivalidad en la vida, y el tener envidia procede del egoísmo y de la vanagloria. Tener envidia es un vicio y es un pecado.

El apóstol Pablo nos aconseja:

> Nada hagáis por egoísmo o por vanagloria, sino que con actitud humilde cada uno de vosotros considere al otro como más importante que a sí mismo, no buscando cada uno sus propios intereses, sino más bien los intereses de los demás. Haya, pues, en vosotros esta actitud que hubo también en Cristo Jesús . . . Y hallándose en forma de hombre, se humilló a sí mismo, haciéndose obediente hasta la muerte, y muerte de cruz.

> Filipenses 2:3–5, 8

La humildad de que habla aquí el apóstol Pablo es una virtud moral y espiritual. Es una disposición de nuestro ánimo, un sentimiento venerable. Triunfa sobre la altanería espiritual que abate al soberbio. Lo contrario de la humildad es el orgullo y el pecado del espíritu. Se trata de una humildad que reconoce al Creador y a sus criaturas. Es una virtud de conciencia y con la idea del deber. De allí proviene la obediencia. Las palabras *hombre* y *humilde* tienen un origen común con *humus*, vocablo latino que significa "tierra" o "polvo". He aquí lo bajo y lo sublime del ser humano. Es trivial, pero a la vez magnífico. Es hombre, un misterio y un enigma.

Un carácter que refleje la abnegación y el servicio de Cristo

La humildad y la gratitud se expresan en el servicio a otros. Uno que sirve es siervo. El propio Jesús "se despojó a sí mismo tomando forma de siervo, haciéndose semejante a los hombres" (Filipenses 2:7). La motivación del servicio en el líder es primordialmente la de ser como Cristo. Servimos porque queremos ser como Él fue, "tomando forma de siervo". El servicio se hace con el fin de traer cambios individuales o sociales. Pero si la motivación principal es la de sólo traer cambios, no perdurará el servicio.

Es un privilegio ser colaboradores de Jesús. El apóstol Pablo le dice a Timoteo que el que busca la posición de líder desea buena obra (1 Timoteo 3:1), pero este es un don. El don del cual habla Pablo consiste en aquello que se da, es decir: el **llamado** y la **capacidad** de dirigir. También radica en la forma en que se da dicha capacidad: es una **donación**. No procede de nosotros, pues es don de Dios. No obstante, algunos, en vez de ser agradecidos, se han apropiado del don.

La palabra "don" tiene un significado adicional para el mundo hispano. El término en ocasiones se aplica a personas y no al regalo. Es un título jerárquico, es decir, es un tratamiento social, tal como decir "don Pedro" o "doña Juana". Es un puesto o una posición de personas calificadas, de los individuos a los cuales se respeta.

Quizá en un tiempo "don" fue un vocablo de distinción o nobleza, pues existen lugares donde todavía se usa en ese sentido. Pero en general ha evolucionado hacia un significado de elitismo, arrogancia y exclusivismo. Este espíritu se refleja mucho en el liderazgo. En su tiempo Jesús llamó a tales líderes "sepulcros blanqueados". Durante su ministerio, el apóstol Pablo identificó a algunas personas de este tipo de aire altivo.

Se cuenta que uno de los presidentes de los Estados Unidos hizo mención de los desafíos del que llega a una posición poderosa. Es peligroso confundir la posición por la persona. Cuando la orquesta militar toca el himno *Hail to the Chief* [Loa al jefe], una pieza reservada sólo para el presidente de los Estados Unidos, el presidente debe tener cuidado de no pensar que se toca este himno por su persona; más bien es por la posición que ocupa. El pecado de esta generación es la desobediencia espiritual de buscar ser servidos en vez de servir.

> Por esta razón también, obrando con toda diligencia, añadid a vuestra fe, virtud, y a la virtud, conocimiento; al conocimiento, dominio propio, al dominio propio, perseverancia, y a la perseverancia, piedad, a la piedad, fraternidad y a la fraternidad, amor. Pues estas virtudes, al estar en vosotros y al abundar, no os dejarán ociosos ni estériles

en el verdadero conocimiento de nuestro Señor Jesucristo. Porque el que carece de estas virtudes es ciego o corto de vista, habiendo olvidado la purificación de sus pecados pasados. Así que, hermanos, sed tanto más diligentes para hacer firme vuestro llamado y elección de parte de Dios; porque mientras hagáis estas cosas nunca tropezaréis; pues de esta manera os será concedida ampliamente la entrada al reino eterno de nuestro Señor y Salvador Jesucristo.

2 Pedro 1:5–11

La formación espiritual tiene que ver con el desarrollo del carácter de las personas. Por esta razón el enfoque del líder espiritual debe ser hacia el carácter y la piedad, más que hacia su personalidad y poder. El líder debe esforzarse en tener carisma. También debe conocer bien la teoría y el proceso del liderazgo. Pero el liderazgo espiritual se distingue por su énfasis en la transformación del carácter, por la obra del Espíritu Santo.

La reformación del carácter, por así decir, toma lugar en la intimidad con Dios, el Creador. Esta intimidad con Dios, como se decía en el capítulo anterior, es la esencia de la espiritualidad. Y el carácter es el sujeto de esa espiritualidad, mientras que el desarrollo del carácter es la meta. El que pasa tiempo íntimamente con el Señor, no puede menos que reflejar en su vida y en su carácter ese influjo. Si Dios es bueno, el que pasa suficiente tiempo con Él necesariamente será una persona también buena.

Decía recientemente un líder veterano a unos jóvenes seminaristas: "Lo más valioso en la vida de un líder es su integridad. Si pierde su integridad, pierde todo. Nadie quiere un líder en quien no se puede confiar. Una persona íntegra tiene una moral virtuosa. Es una persona recta y honrada."

Capítulo 6

El líder y la disciplina: abnegación

EL DESIERTO EN LA VIDA DEL LÍDER

El desierto de Sinaí, el desierto de Zif y el desierto de Judea son herencias del cristianismo, y hay que viajar al desierto de la vida con Moisés, David y Jesús. El propio Jesús fue llevado al desierto y regresó en el poder del Espíritu (Lucas 4:14). El verdadero discípulo y líder es aquel que ha decidido seguir el estilo de vida que Jesús escogió para sí mismo. La disciplina y el discipulado no se pueden separar. Permanecen juntos.

Todo gran líder cristiano ha pasado por el desierto y ha salido victorioso. En el desierto de la vida son transformadas las vidas de los líderes y las raíces de la espiritualidad se hacen más profundas. La más grande ilusión del líder es creer que alguien que nunca ha pasado por un desierto nos sacará del desierto. Son muchos los líderes que desean cambiar a la humanidad, sin cambiarse primero a sí mismos.

Aquí se habla de la disciplina no como un castigo o un látigo. Más bien este desierto es una escuela de disciplina para formar a la persona y despejarle los ojos espirituales. Este es el desierto donde se distingue entre los ídolos de la vida y el Dios viviente, entre la religión y la espiritualidad y entre el profesionalismo y el ministerio.

LA FORMACIÓN DEL CARÁCTER DE DAVID

El desierto fue el lugar de la formación de la vida y el carácter de David. Suya es una historia muy completa y detallada. Se trata de una humanidad ordinaria. En la vida de David encontramos todas las condiciones de nuestra humanidad y a la vez el potencial de lo divino. Abrazó toda la gama de su humanidad y de su espiritualidad. Por cierto que no fue una vida ideal por sus muchas fallas, pero logró la personalidad y el carácter de un "varón según el corazón de Dios". ¿Cómo? Con disciplina. ¿Dónde? En el desierto. Fue en el desierto que tomó lustre la dimensión espiritual de su vida.

David no escogió ir al desierto. Huyó al desierto para salvarse la vida, a los veinte años de edad aproximadamente. No fue de vacaciones al desierto, sino fue como fugitivo. Diez años de su vida David anduvo huyendo por el desierto. A la edad de treinta años comenzó a reinar David en Hebrón.

El período en el desierto fue la etapa de formación social, moral y espiritual. Huyó al desierto de Zif (1 Samuel 23:14), al desierto de Maón (23:25), al desierto de En-gadi (24:1) y al desierto de Parán (25:1). En la Biblia existen quince relatos de David en el desierto. Dios lo llevó allí para formar su carácter. Y tal como Jehová les dijo a sus padres (Deuteronomio 8:2), le dice ahora a David:

> Y te acordarás de todo el camino por donde el Señor tu Dios te ha traído por el desierto . . . para humillarte, probándote, a fin de saber lo que había en tu corazón, si guardarías o no sus mandamientos.

En el desierto David desarrolla el espíritu de humildad

La historia era muy antigua. Desde que el pueblo de Israel se preparaba para cruzar el río Jordán, se le dijo: ". . . el Señor tu Dios te ha traído por el desierto . . . para humillarte, probándote . . ." La historia se repetía generación tras generación. David oyó esta historia desde niño, pero ahora la estaba viviendo.

La historia es una de las más básicas en la vida. Tan básica es esta lección que está cerca de la tierra misma. En el desierto es donde se hacen los hombres y las mujeres de Dios. Pues *humilde* se deriva de *humus*, nombre latino que significa tierra. La palabra *hombre* tiene aquí también su origen. Así que el ser una verdadera mujer o un verdadero hombre, es ser una persona humilde. Y el proceso que Dios usa es la humillación en el desierto.

En el polvo del desierto David recobró la humildad que tenía cuando Samuel el profeta lo ungió. David llegó a ser "el varón según el corazón de Dios", pero antes tuvo que descartar la soberbia y la altanería espiritual, características que David mismo no reconocía que existían en su vida.

El método que Dios usó en la vida de David es el mismo que usa en nuestras vidas en el día de hoy. Dios usa las circunstancias y las personas para refinar el carácter. Hoy tenemos más ayuda que la que había en el tiempo de David. La Palabra de Dios es la que el Señor usa para moldearnos. Pero Dios no ha dejado de usar también a personas para desarrollar el espíritu de humildad, y no siempre en la forma y a través de las personas que deseamos.

La humillación de David sucedió por medio de las mañas de las personas que le rodeaban. El desierto es el lugar donde uno está en compañía de personas que menos espera o incluso desea. El desierto no le dio a David el lujo de escoger a sus compañeros de milicia. A David se le acercaron 400 hombres que incluían a los hijos de Sarvia. A Joab y Abiatar los convirtió en grandes líderes, que fueron incluidos en la lista de los valientes de David (2 Samuel 23:8–39).

No fue así al principio. Fueron todos hombres toscos que tuvieron que ser refinados. En la ocasión de la muerte de Abner, David confesó el tipo de personas que eran, diciendo: "Hoy soy débil, aunque ungido rey; y estos hombres, hijos de Sarvia, son más duros que yo" (2 Samuel 3:39). El fuerte carácter de sus asistentes le hizo la vida pesada. Pero aun a éstos usó Dios para moldear el carácter de David.

Los problemas de David no sólo eran internos; también desde afuera venía la discordia y la humillación. Es el caso cuando David tuvo que salir de Jerusalén huyendo de la traición que le amenazaba de parte de Absalón, su propio hijo. Mientras David huía, de los montes salió a su encuentro Simei (2 Samuel 16:5–14), quien le maldecía, diciendo: "¡Fuera, fuera, hombre sanguinario e indigno!" Abisai se enfureció y pidió permiso a David: "Déjame que vaya ahora y le corte la cabeza." Pero David admite que Simei puede tener razón; sabía que Dios estaba al tanto. David reconoció que estaba pasando por un proceso de refinamiento.

En el desierto David descubre su corazón engañoso

El desierto es un lugar áspero, un lugar donde pasa lo inesperado. Los vientos soplan de repente. Los vagabundos atacan sin aviso. El desierto tiene mil maneras de dar muerte a la vida física. David pronto encontró en el desierto el lugar de una severa realidad.

Así como Moisés, David descubrió su corazón. En el desierto, ambos descubrieron su mal genio y disposición. El uno golpeó la piedra de Horeb e hizo brotar agua. El otro estuvo a punto de matar a Nabal y a sus siervos, si no fuera por Abigail que lo detuvo (1 Samuel 25:2–35). Sin embargo, David descubrió un corazón lleno de temor.

No tuvo temor de los leones ni de los osos en el campo. Ni tuvo temor de hacerle frente a Goliat. Pocas personas entonces se imaginan a David con temor. ¿No cantaba todo Israel que Saúl había matado a miles, pero David diez veces más? (1 Samuel 18:7). Pero lo cierto es que le invadió un temor que David mismo no sabía existía en su corazón. Fue el temor lo que le hizo evadir la verdad en más de una ocasión. Aquí están unos ejemplos. Le pidió a su mejor amigo Jonatán que mintiera concerniente a la ausencia de David en el banquete de Saúl (1 Samuel 20:5–7). Le mintió al sacerdote Ahimelec en el santuario de Nob, pretendiendo que andaba en una misión militar

(1 Samuel 21:1–10). Vivió una mentira por dieciséis meses en la tierra de los filisteos. Fabricó todo un disfraz y engañó al rey y al pueblo filisteo. Después, su corazón le remordió y escribió arrepentido diciendo:

Venid, hijos, escuchadme;
os enseñaré el temor del Señor.
¿Quién es el hombre que desea vida
y quiere muchos días para ver el bien?
Guarda tu lengua del mal,
y tus labios de hablar engaño.
Apártate del mal y haz el bien,
busca la paz y síguela.

Salmo 34:11–14

En el desierto David desarrolla su vida de oración

Forzado a una vida de blasfemia o a una vida de oración, David escogió una vida de oración. Quizá sea más correcto decir que fue forzado a orar, como nos suele pasar a todos. Las pesadas cargas de la vida tienen la manera de doblar nuestras rodillas. Las inclemencias de la vida del desierto no dejaron que David se olvidase de su Dios. El Dios de su niñez y el Dios de su juventud es ahora el Dios de su vida de adulto. Las deficiencias de su carácter, la mentira y la decepción lo hicieron arrepentirse muchas veces. La frase "y David consultó al Señor" aparece repetida muchas veces en los capítulos que tratan de su vida.

En el desierto David confirmó su creencia de que Dios es soberano y está al control de todo. Esta verdad la descubrió David en su niñez y en su juventud. Dios lo protegió de las fieras del campo y lo ayudó a vencer al gigante. Pero ahora ponía a prueba esta verdad cada día en el desierto. David descubrió que su Dios participaba con él en todos los eventos cotidianos de la vida. Según David, Dios no desea existir al margen de la vida o ser un mero apéndice. David deseaba a Dios en el centro de su vida.

David escribió muchos salmos, la mayoría de ellos en el desierto. Estos salmos nacieron como oraciones en las situaciones normales de la vida cotidiana o como expresiones de gratitud en tiempos de crisis. El Salmo 23 es el más conocido de los muchos salmos de David. En este salmo David menciona lo más común de la vida que vivía. Pone por manifiesta la presencia de Dios: en la **provisión** de Dios, en los versículos 1–3; en su **protección**, según el versículo 4; y termina con los versículos 5 y 6 expresando la seguridad que David sentía de la **dirección** de Dios hasta el final de su vida.

David no siempre buscaba la voluntad y dirección de Dios. Por ejemplo, cuando la compañía de David creció a 600 hombres, él y sus hombres fueron contratados por Aquis, rey de Gat (1 Samuel 27). El temor de David a Saúl lo condujo a un compromiso con los enemigos del pueblo de Israel. Los que David llamó "incircuncisos" ahora son sus protectores. Se identifica con la cultura contra la que él mismo guerreaba. Vivió dieciséis meses en estas condiciones. Algunos dicen que David había reincidido. Otros comentaristas argumentan que aun así estaba cumpliendo los propósitos de Dios. Lo cierto es que David no estaba en su ambiente. Estaba en un ambiente secular donde Dios no era soberano.

En todo caso, prevaleció en la vida de David la mentira y el engaño. Perdió el valor de las relaciones personales, que después tuvo que recuperar. Más importante todavía, no escribió ni un solo salmo durante este período. Colgó el arpa durante este tiempo y perdió la canción de su corazón y de sus labios.

Así que cuando David, al concluir el Salmo 23, dice: "Y en la casa de Jehová moraré por largos días", quizá le vino a la mente cuando vivió por dieciséis meses en las moradas de los filisteos, los enemigos acérrimos del pueblo de Dios. Ahora se prometía no volverlo hacer.

En el desierto David desarrolla el Espíritu de comunidad

En el desierto Dios aumentó en David sus aptitudes sociales, morales y espirituales (1 Samuel 27). David huyó al desierto cuando su amigo Jonatán le hizo saber que el padre de éste, Saúl, deseaba matarlo. Escapó solo al desierto pero en corto tiempo le rodearon cientos de hombres. La formación de su carácter social y moral en gran manera tuvo lugar en el desierto. Fue en el desierto que se demostró la capacidad organizadora de David. Y se vio la formación de una comunidad que hoy puede ser el prototipo del pueblo y de la iglesia de Dios.

David huyó de Saúl y se refugió en la cueva de Adulam. Sus hermanos y toda la casa de su padre fueron a donde él. Y las otras personas que lo rodearon, como ya vimos, no eran de las mejores. Por cierto que no fue una compañía de personas de las más simpáticas y prometedoras. Porque "todo el que estaba en apuros, todo el que estaba endeudado y todo el que estaba descontento se unió a él, y él vino a ser jefe sobre ellos. Y había con él unos cuatrocientos hombres " (1 Samuel 22:2). Esta fue la "congregación" de David. Eran personas rechazadas, marginadas e inadaptadas que se unieron a él. Cuántos de éstos aparecen en la lista de los valientes de David en 1 Crónicas 12, no se sabe.

Pero sí se sabe que fue durante este tiempo que David escribió en el Salmo 133:

> Mirad cuán bueno y cuán agradable es
> que los hermanos habiten juntos en armonía.
> Es como el óleo precioso sobre la cabeza,
> el cual desciende sobre la barba,
> la barba de Aarón,
> que desciende hasta el borde de sus vestiduras.
> Es como el rocío de Hermón,
> que desciende sobre los montes de Sion;
> porque allí mandó el Señor la bendición, la vida para
> siempre.

El grupo de gente que se acercó a David fue enviado por Dios, y así lo creyó David. Desde aquel tiempo suele suceder que el pueblo de Dios no se define por lo que ha hecho la gente o de dónde ha venido, sea de buena estirpe o no. Lo que lo distingue es lo que Dios ha hecho en ellos y por ellos. Estos son los que le hicieron compañía a David.

Las circunstancias suscitadas por Saúl forzaron a David a salir huyendo. Partió solo. No se llevó a ninguno de los adeptos de Saúl. Jonatán, su íntimo amigo, sólo lo visitó algunas veces. En ninguna ocasión David causó división en el reino de Israel. Nunca olvidó su lealtad por el reino ni por el rey, aun cuando ambos andaban mal. Pero Dios le envió a dichos ingratos compañeros, a los cuales transformó en valientes guerreros.

En el desierto David desarrolla el sentir por lo sagrado

Los salmos, que en su mayoría fueron escritos en el desierto, muestran la reverencia de David por la presencia y la hermosura de Dios. En el desierto aprendió a ver a Dios en personas, en lugares y en situaciones que jamás había visto antes.

En el desierto los ojos de David le fueron enfocados, los oídos afinados y el corazón ablandado. En dos ocasiones le perdonó la vida a Saúl, incluso cuando lo perseguía (1 Samuel 24, 26), diciendo: "No extenderé mi mano contra mi rey, porque es el ungido del Señor" (24:10). David fue probado y triunfó. El joven cantor, a quien Saúl arrojó su lanza, triunfó otra vez. David no se atrevió a devolver la lanza por temor al ungido de Jehová. Las circunstancias nunca cambiaron su convicción ni su conducta. David rehusó ser Saúl segundo, o sea, ser un rey del orden de Saúl. Era Saúl un líder amargado que se convirtió en un lanzador sin buena puntería. David tenía una mejor vista de las cosas. Podía ver más allá de lo que otros veían. Joab, por ejemplo, insiste en que David mate a Saúl. Joab veía a un enemigo y a un rey airado. David, en cambio, veía a un Saúl joven y esforzado. Veía al ungido de Jehová. David escogió no ver el espíritu malo, sino lo sagrado en Saúl. David prefería la muerte que llegar a ser como Saúl.

¿Cuándo se separa uno de un líder que es según el orden de Saúl? David nunca tuvo que tomar esa decisión. Saúl tomó la decisión por él cuando ordenó perseguir y matar a David, quien tuvo que huir y escapó solo, sin llevarse un grupo con él. Partió solo para hacer de las cuevas en el desierto su castillo (pues había sido ungido por Samuel). Los pozos llegaron a ser habitación. Según la medida del mundo, David fue un hombre deshecho, pero según la medida del cielo David era un vaso quebrantado que Dios usaría en el futuro.

EL LÍDER Y LAS DISCIPLINAS ESPIRITUALES

El Señor desea que andemos en el Espíritu día tras día, año tras año, toda la vida, con el fin de llegar a ser como Cristo. Pero muchos líderes se subscriben a la doctrina de la satisfacción instantánea. Debemos crecer "hasta que todos lleguemos a la unidad de la fe y del conocimiento pleno del Hijo de Dios, a la condición de un hombre maduro, a la medida de la estatura de la plenitud de Cristo . . . crezcamos en todos los aspectos en aquel que es la cabeza, es decir, Cristo" (Efesios 4:13, 15). Es un llamado a ser presentados perfectos en Cristo (Colosenses 1:28), a tener la mente de Cristo (Filipenses 4:5), hasta que Cristo sea formado en nosotros (Gálatas 4:19).

El Señor usa varias maneras para cambiar la vida y desarrollar el carácter de líder. Primero, **Dios usa a personas**. "El hierro con hierro se afila, y un hombre aguza a otro" (Proverbios 27:17). Así como en la vida de David, Dios utiliza para refinarnos la familia, los amigos y aun los enemigos de Dios. Segundo, **Dios usa las circunstancias**. "Y sabemos que para los que aman a Dios, todas las cosas cooperan para bien, esto es, para los que son llamados conforme a su propósito" (Romanos 8:28). Las presiones económicas, las condiciones físicas, las crisis en la familia, etc., las emplea Dios para estimular el crecimiento y el cambio en la vida.

Ciertamente es la voluntad de Dios usar a las personas y las circunstancias para traer cambios a nuestra vida. Pero estos medios son externos; son de afuera hacia adentro. Pero quiero que conozcamos una manera más eficaz que Dios usa para cambiarnos.

En tercer lugar, **Dios usa disciplinas espirituales**. El apóstol Pablo estuvo en el desierto de Arabia (Gálatas 1:17) y con autoridad nos dice: "Más bien disciplínate a ti mismo para la piedad" (1 Timoteo 4:7). No es una mera sugerencia, sino es un mandato hacia la disciplina. Nuestro primer instinto humano es evitar la entrada a un desierto de la disciplina. Pero el secreto de los grandes líderes espirituales, como Pablo, fue que supieron abrazar el desierto y no huir de él. Supieron, así como Cristo, hacerle frente y no darle las espaldas al desierto.

El mensaje del Nuevo Testamento es que podemos llegar a ser como Cristo. Podemos tener la misma mente y la misma actitud que hubo en Cristo. El apóstol Pedro da esta razón, diciendo: "Pues su divino poder nos ha concedido todo cuanto concierne a la vida y a la piedad . . ." (2 Pedro 1:3).

Las disciplinas espirituales son hábitos devocionales

¿Qué significa que el líder se discipline? Es una pregunta que se debe hacer con más frecuencia. La disciplina es una palabra que se usa muy poco en la sociedad y en la iglesia. Algunos estarían de acuerdo conmigo en que vivimos en días de muy poca disciplina y de mucho desenfreno moral y espiritual.

La disciplina, como se hizo mención antes, no consiste en el castigo y el látigo. Ni tampoco se refiere aquí a ninguna penitencia u obra de mérito. Aquí simplemente nos referimos a la disciplina como aquellas prácticas y hábitos devocionales que promueven la piedad o santidad de Dios en nuestras vidas y en la sociedad en que vivimos.

Uno de mis colegas, el doctor Richard Foster, escribió un libro clásico: *Celebration of Discipline* [Celebración de la disciplina]. En este libro, él divide las disciplinas espirituales en tres grupos. (1) Las disciplinas **internas**: la oración, el estudio bíblico y el ayuno. (2) Las disciplinas **externas**: servicio, simpleza, soledad. (3) Las disciplinas **colectivas**: la confesión, la adoración y la celebración.

El Señor desea compartir este conocimiento con "todos los santos", según la manera que dice Hebreos 12:10: "Él nos disciplina para nuestro bien, para que participemos de su santidad."

Las disciplinas espirituales nos ponen en el paso de la gracia

El líder debe ponerse en el camino o al paso de la gracia y bondad de Dios. La Biblia narra la historia de un ciego y mendigo llamado Bartimeo y su encuentro con Jesús (Lucas 18:35–43). Bartimeo, sentado al lado del camino en Jericó, oyó el ruido de las multitudes y preguntó qué pasaba. "Jesús pasa por aquí", le dijeron. Como había oído hablar de Jesús y de los milagros que hacía, exclamó: "Jesús, Hijo de David, ten misericordia de mí." Para sorpresa de todos, Jesús se detuvo y preguntó quién lo llamaba. Y en respuesta a su fe, a Bartimeo le fue concedida la sanidad.

Otra vez Jesús pasaba por Jericó y el publicano Zaqueo deseó ver al Maestro (Lucas 19:1–10). Se subió a un árbol porque era corto de estatura. Cuando Jesús pasó por donde estaba Zaqueo, miró hacia arriba y lo llamó por su nombre. Jesús tomó tiempo para cenar con Zaqueo, quien entregó la mitad de sus bienes a los pobres y su vida al Señor.

Las disciplinas espirituales ponen al líder al paso de la gracia de Dios. Dios está dispuesto a compartir con nosotros su santidad. Pero, ¿estamos nosotros dispuestos a recibirla? El líder debe estar en el paso de la gracia de Dios como Bartimeo y Zaqueo.

Las disciplinas espirituales nos ubican en el gimnasio espiritual

Otra vez reparemos en el mandato de Pablo: "Más bien disciplínate a ti mismo para la piedad" (1 Timoteo 4:7). Notemos la disciplina en dos aspectos. Primero, se trata de la iniciativa del líder en cuanto a formarse hábitos devocionales. Pablo aconseja: "Disciplínate a ti mismo." Nadie lo hará por uno. Uno mismo tiene que esforzarse y hacerlo por sí. El ejercicio consiste en repeticiones. Como el atleta que hace ejercicios o el músico que practica, el líder debe desarrollar hábitos devocionales. Segundo, tiene que ver con el programa de Dios para la piedad. Como ya hemos visto, Dios quiere hacernos partícipes de su bondad y gracia. Este es su propósito y su plan.

En el idioma griego la palabra *disciplina* se deriva de la palabra *gumnasia*, o sea, "gimnasio". Pablo hablaba desde la perspectiva de la cultura griega. La cultura griega era una cultura del cuerpo. ¿Quién no aprecia las muchas estatuas de los griegos? El cuerpo físico, su balance, simetría y proporciones, eran de suma importancia para esa cultura. Así que en el gimnasio griego era una tradición que el entrenador observara el cuerpo del atleta con sólo una toalla en su cuerpo. Cada músculo del cuerpo del atleta se podía verificar. Era así que el entrenador sabía cuál músculo y cuál articulación necesitaba del ejercicio.

Con esa cultura todavía en la mente, se describe la carrera del cristiano como una carrera olímpica, cuando leemos: ". . . despojémonos también de todo peso y del pecado que tan fácilmente nos envuelve, y corramos con paciencia la carrera que tenemos por delante" (Hebreos 12:1).

Las disciplinas espirituales son motivadas por la gratitud a Dios

La disciplina nace del sacrificio del líder impuesto a sí mismo. Este sacrificio es la expresión máxima de la gratitud por la gracia de Dios. Así como en el caso de Cristo, nadie les quita la vida, sino que la entregan voluntariamente. Es en señal de gratitud que escribe Pablo su carta a los filipenses. En Filipos Pablo fue puesto en la cárcel, pero fue buena ocasión para sus disciplinas espirituales (Hechos 16:25).

En gratitud, un líder entrega su cuerpo en disciplina. Por eso Pablo escribe: "Os ruego por las misericordias de Dios que presentéis vuestros cuerpos como sacrificio vivo y santo, aceptable a Dios . . . transformaos mediante la renovación de vuestra mente . . ." (Romanos 12:1, 2). Así es que el cuerpo y la mente del líder son puestas en el altar de Dios. Se somete a un nuevo mandamiento y a una nueva dirección. En gratitud, un líder se dedica a la unidad y a la madurez, a fin de capacitar a los santos para la obra del ministerio y para la edificación del cuerpo de Cristo (Efesios 4:12, 13).

Las disciplinas espirituales abren la puerta a la libertad

Las disciplinas espirituales no son acciones mecánicas. Pero sí se incorporan profundamente en el corazón y la mente del líder. Surge desde una realidad positiva interna que se expresa en una manifestación positiva externa. El líder ve morir a ciertas cosas de la vida. Estas cosas pierden su poder sobre el líder porque se enamora de Dios de tal modo que escoge vivir para Él. Decide mejor estar en comunión con Dios en este tiempo de la historia. Elige amar al prójimo como Jesús lo mandó y elige vivir y comunicarse con el prójimo.

Existe entonces una libertad que antes no tenía cuando se encontraba "enredado" en los negocios de la vida (2 Timoteo 2:4). Eso es porque con Jesús se fue a un lugar aparte. Con Jesús venció la tentación del poder, la fama y la vanagloria de la vida (1 Juan 2:16), y ahora viene con Jesús en el poder del Espíritu (Lucas 4:14). Es una libertad que consiste en la liberación de las cosas del mundo y en la independencia para cumplir los propósitos de Dios en este mundo.

La vida espiritual se basa en toda la gama de actividades mediante las cuales una persona tiene relación con Dios en forma cooperativa. La "persona espiritual" es aquella persona que está integrada y sujeta al Reino espiritual de Dios. Gustavo Gutiérrez dice: "La espiritualidad, en el sentido estricto y profundo de la palabra, es el dominio del Espíritu."[15]

El que es niño en Cristo, dice Pablo, todavía es "carnal" y no "espiritual" (1 Corintios 3:1), aun cuando ha nacido del Espíritu de Dios (Juan 3:6).

---

15   Gustavo Gutiérrez, *Liberation Theology*, Nueva York: Orbis, 1973, página 203.

Es decir, todavía no está en la dirección y completo dominio del Espíritu. Por tanto, Dios ha provisto las disciplinas espirituales para poner el cuerpo, la mente, la personalidad y todo el ser en una cooperación efectiva con el orden divino. "... presentaos vosotros mismos a Dios como vivos de entre los muertos, y vuestros miembros a Dios como instrumentos de justicia" (Romanos 6:13).

La gloria de Dios es un ser humano plenamente vivo en el dinamismo del Espíritu. Dios nos dio vida; ha de ser, entonces, de nuestra iniciativa integrarnos totalmente al orden del Reino. La espiritualidad no es nada menos que la cualidad holística de la vida humana tal cual fue creada, y en el centro está la relación con Dios.

> Porque los que viven conforme a la carne, ponen la mente en las cosas de la carne, pero los que viven conforme al Espíritu, en las cosas del Espíritu. Porque la mente puesta en la carne es muerte, pero la mente puesta en el Espíritu es vida y paz; ya que la mente puesta en la carne es enemiga de Dios, porque no se sujeta a la ley de Dios, pues ni siquiera puede hacerlo, y los que están en la carne no pueden agradar a Dios.
>
> Romanos 8:5–8

Principios Prácticos

1. La disciplina y el discipulado van juntos.

2. El líder modelo conoce la disciplina de primera mano.

3. Los desiertos de la vida son una herencia cristiana.

4. El carácter del líder se desarrolla en los desiertos.

5. El polvo del desierto nos recuerda nuestra humanidad.

6. En el desierto de la vida descubrimos nuestro corazón.

7. La sensibilidad espiritual se desarrolla con la disciplina.

8. Las disciplinas espirituales se desarrollan con la práctica.

9. El amor a Dios supera al poder del mundo en nuestra vida.

10. El dominio del Espíritu resulta en una verdadera libertad.

Capítulo 7

El líder y la religión: institución

TÚ ERES ESE HOMBRE

Tanzan y Ekido caminaban juntos por un sendero lodoso. La lluvia era fuerte y el lodo espeso. Al pasar por una aldea se encontraron con una señorita en un kimono y un fajín de seda que no podía cruzar el camino. Tanzan paró, inclinó el rostro y le preguntó:

—¿Me permite ayudarle?

Luego la tomó en sus brazos y la dejó al cruzar la calle.

Ekido no le habló más a Tanzan hasta llegar al templo donde ambos pasarían la noche. No se aguantó más:

—¿Cómo pudiste hacer tal cosa? —le interpeló—. Tú bien sabes que nosotros los monjes no debemos acercarnos a mujeres, especialmente a las jóvenes y bonitas. Es peligroso. ¿Por qué lo hiciste?

Y Tanzan le respondió:

—Yo dejé a la señorita al cruzar de la calle. ¡Pero tú todavía la llevas cargada!

Los dos, Tanzan y Ekido, se encontraron en la vida de David. El mal y el bien siempre caminaron juntos dentro de él. Siempre luchó el esclavo contra el libre, la carne contra el espíritu. Al final de la jornada, David llegó a ser "el varón según el corazón de Dios". Fue su hijo Salomón quien aconsejaba: "Con toda diligencia guarda tu corazón, porque de él brotan los manantiales de la vida" (Proverbios 4:23).

En la vida de David la religión era un estilo de vida que lo relacionaba con lo divino. La ceremonia y el rito eran las acciones externas, mientras en el interior prevalecía la manifestación de su fe y su pasión por Dios.

LOS SÍMBOLOS DE LA UNIDAD

David logró unir todos los aspectos de la vida del pueblo de Israel bajo el gobierno de Dios. Debemos ver los esfuerzos unificadores de David. Para ello hay que recordar que durante el período de los patriarcas, Israel fue una familia concebida por el poder de Dios. Fue un pueblo que vivía entre la promesa y su cumplimiento. Desde Moisés hasta los Jueces el pueblo de Israel fue una teocracia. Fue un pueblo gobernado por Dios sin estructura humana. Con el reinado de Saúl Israel llegó a ser un estado institucional que duró hasta el Exilio. Israel pidió un rey que gobernara como el de los pueblos vecinos. Rechazaron así a Jehová. Reinó primero Saúl y luego David. La mentalidad tribal desaparecía especialmente durante el tiempo de guerra, pero regresaba el espíritu de rivalidad. Fue David quien logró unir las doce tribus y crear una identidad de pueblo de Dios.

David puso el arca de Jehová en el centro de la vida de Israel

El primer esfuerzo de David para unificar al pueblo fue bajo Dios. El símbolo de este acto fue el arca del pacto. El arca fue construida en el tiempo de Moisés, pero siguió siendo un símbolo de la presencia de Dios durante muchos siglos después. En el arca estaban las tablas de los Diez Mandamientos. Dios había prometido hablar con su pueblo desde allí. El arca era el punto focal de la adoración. En el libro de Deuteronomio Jehová había dicho: ". . . buscaréis al Señor en el lugar en que el Señor vuestro Dios escoja de todas vuestras tribus, para poner allí su nombre para su morada, y allí vendréis" (Deuteronomio 12:5).

En su primer acto como rey, David envió traer el arca del pacto a Jerusalén (2 Samuel 6). Pero su primer esfuerzo en este sentido fue un fracaso. Uza, el sacerdote, desobedeció las instrucciones que se le habían dado. Su error fue familiarizarse demasiado y asumir una responsabilidad que no le pertenecía. La lección del trágico incidente fue que no es tarea del hombre cuidar de Dios, es Dios quien cuida del hombre. Uza desconocía la naturaleza de Dios y procuró de manera natural controlar esa naturaleza divina.

Tres meses más tarde, David reúne al pueblo y trae el arca a Jerusalén nuevamente. Esta vez no sólo se toman precauciones, sino también se celebra con arpas, címbalos y danzas mientras el arca entra a Jerusalén. La atención no era sobre la dignidad que esto daría a la ciudad o al gobierno de David.

Para David la llegada del arca fue más que una responsabilidad religiosa o una ceremonia política. Fue más que una procesión solemne. David adoraba a Dios en verdad a través del arca. Respondía con integridad a la presencia de Dios entre el pueblo. El doctor Engstrom menciona los secretos del éxito de David:[16] (1) mostró una sabia diplomacia; (2) reconoció al Señor

---

16   Op. cit., página 39.

en todas sus bendiciones; (3) buscó constantemente la bendición del Señor; (4) no se avergonzó de tomar parte en los ejercicios espirituales; (5) condujo al pueblo en la alabanza.

Para David esta fue la experiencia que le confirmó que Jehová interviene en la vida diaria de sus criaturas. David reconoce ahora la posibilidad de la presencia de Jehová en su nueva responsabilidad de gobernar al pueblo de Dios. Reconoce también la necesidad de hacer de Jerusalén no sólo una capital, sino también una ciudad santa por la presencia de Dios.

David estableció en Jerusalén una capital neutral

David acababa de ser nombrado rey sobre Judá y sobre Israel. Jerusalén era el mejor sitio para establecer la sede de su nuevo reinado. Era un lugar neutral, puesto que la ciudad de Jerusalén estaba situada en las fronteras de ambos territorios.

Los jebuseos habitaron en Jerusalén durante muchos siglos. Los filisteos, los amalecitas y los judíos guerreaban entre sí. Pero a los jebuseos nadie los molestaba en su ciudad amurallada, la ciudad de paz. Durante tres siglos los israelitas marcharon a lo largo de estas tierras, conquistando a los pueblos. Pasaban cerca de Jerusalén, pero no se atrevían a atacarla.

Historias y leyendas circulaban acerca de temibles dioses que defendían la ciudad. Extraños cuentos de espíritus y demonios que habitaban dentro de la fortaleza, se habían oído durante años. El aspecto físico de la ciudad era impresionante y su posición parecía hacerla impenetrable. Durante siglos infundió terror a los ejércitos. Era terreno prohibido, un lugar tabú. Esto fue hasta que David decidió hacerla su ciudad capital.

Para David, Jerusalén representaba un lugar estratégico y llegó a ser símbolo de la unión del pueblo de Dios. Históricamente tenía un gran valor para David, porque esta tierra representaba un porción de la promesa de Dios a Abraham. Desde los tiempos de Abraham había existido en el corazón de los israelitas el sentimiento de ser un pueblo escogido. Desde entonces vagaban buscando el lugar especial que Dios les había prometido. David no sólo logró obtener la tierra prometida en su totalidad, sino también pudo establecer una capital y hacer de las doce tribus una nación.

David unió a las doce tribus en una nación

David consiguió lo ideal: la unidad nacional. David logró unir a las doce tribus en una nación. Durante siglos las tribus se habían gobernado a sí mismas. Cada tribu poseía una identidad fuerte e independiente que precedía la identidad colectiva como hebreos. En muchas ocasiones hubo guerras entre las tribus. Pero bajo el gobierno de David las doce tribus llegaron a ser por primera vez una nación. Tenían su capital en Jerusalén, la ciudad de David, donde todos eran ciudadanos y nadie era excluido. Todo Israel pertenecía a Jerusalén. Jerusalén era el sitio que unía al pueblo, un lugar estratégico. Era la capital del pueblo, de su propiedad exclusiva. David compuso un salmo para Israel que dice:

> Jerusalén, que está edificada
> como ciudad compacta, bien unida,
> a la cual suben las tribus, las tribus del Señor,
> (lo cual es ordenanza para Israel)
> para alabar el nombre del Señor.

Salmo 122:3, 4

DEL PASTIZAL AL PRINCIPADO

"Así dirás a mi siervo David: . . . Yo te tomé del pastizal, de seguir las ovejas, para que fueras príncipe sobre mi pueblo Israel. Y he estado contigo por dondequiera que has ido . . ." (2 Samuel 7:8, 9).

La vida de David es una historia de esperanza, una historia de transformación. Es la transformación de una vida examinada y continuamente renovada en su relación con Dios, consigo mismo, y con las personas en su vida. Es la transformación de un liderazgo basado en la constante presencia de Dios, en el continuo desarrollo de su vida vulnerable y en el cumplimiento de los propósitos de Dios. David es un recordatorio a todo líder de que uno mismo es el centro y la fuente de la transformación espiritual, social y política.

En seguida veremos algunos de los logros de David, el pastor-príncipe de Israel. Primero, en relación con Dios y con lo sagrado, en un mundo donde abundaban las creencias animísticas, David dio a conocer: (a) la soberanía de Dios y su presencia en los asuntos rutinarios y críticos de la vida; (b) una comunión íntima con Dios basada en la integridad personal; (c) la intervención de Dios en la vida común de sus criaturas; (d) el respeto por el ungido de Jehová; (e) que lo sagrado de Dios y la invención humana no siempre son compatibles (Uza); y (f) el sentimiento de ser un pueblo escogido y un sacerdocio real.

Segundo, en relación a la religión de Israel y en medio de una sociedad idólatra, David introdujo: (a) a Jehová en el centro de la vida del pueblo; (b) la revalidación de los símbolos religiosos; (c) la precedencia de la necesidad humana sobre el rito y la ceremonia; y (d) una realidad espiritual, visible e invisible, en la vida personal y del pueblo.

EL LÍDER Y LA RELIGIÓN

La religión forma parte integral de la vida humana y de la sociedad. Son varias las definiciones de la religión. Es una serie de creencias acerca de la causa, la naturaleza y el propósito del universo. Es la creencia y la adoración a Dios. Es un sistema organizado de esas creencias. Es algo en lo que una persona cree y da su devoción. En esencia, la religión es el precepto o aquello que liga al mundo a la divinidad. La religión es la práctica y la teología es la teoría.

La religión organizada, ya sea sólo dentro de una congregación local o dentro de toda una denominación, es el meollo del ambiente del líder cristiano. Es dentro de ese contexto histórico y actual que funcionan y se aplican los principios del liderazgo que aquí proponemos. Y es aquí donde los aspectos prácticos de nuestro liderazgo son más notables. Así sucedió con Jesús: las verdades que predicó fueron admiradas, pero cuando se trató de aplicar esas verdades, surgieron las controversias.

Jesús introdujo una verdad revolucionaria para los religiosos de aquellos días. Y es que la verdadera religión está en el corazón humano (Mateo 15:10–20). No consiste en el estado de las observancias rituales de la persona, como lo enseñaban los fariseos. Ni está en la identificación del Reino de Dios con las reformas políticas, como abogaban los saduceos. Jesús habló del estado del corazón humano. Jesús enseñó que todo maestro que no identifique la religión con el corazón humano y con el Reino de Dios, es un guía ciego. Jesús vino a destruir y poner fin al legalismo religioso y el activismo político.

La historia de la religión y su consecuente condición social en la comunidad hispana se presta a caer en dicha tentación. Desde la formación de los pueblos y las naciones de América Latina se descuidó la comunicación completa con su religión. La religión católica romana reemplazó a las religiones indígenas. La historia de la Iglesia Católica en América Latina es una historia de negligencia religiosa. Nunca se hizo el esfuerzo de enseñar toda su doctrina y de considerar a los pueblos como miembros legítimos de la iglesia. Hasta la fecha, su religión es más una religión folklórica que una religión ortodoxa.

La negligencia de la iglesia protestante ha sido un poco menor. Ha permitido en los últimos veinte años el desarrollo de la iglesia indígena, aunque todavía hay denominaciones y grupos norteamericanos y europeos que prefieren enseñar su cultura.

La experiencia de una religión externa como la que se ha importado de la iglesia católica y la norteamericana, hace necesario un discipulado especial en el pueblo hispano para cultivar las facultades interiores. Las prácticas externas heredadas del catolicismo se han trasladado a la nueva fe evangélica. Una de estas prácticas de más serias consecuencias es la falta de la lectura bíblica. Una de las consecuencias ha sido el legalismo dentro de la iglesia evangélica.

La religión externa constituye una especie de legalismo

1. El legalismo se enfoca solamente en prácticas y cosas externas. Para los escribas y fariseos de la Biblia la religión era una observancia de la ley ceremonial. Era el lavar de manos, caminar más de la cuenta en el día sábado, dar el diezmo del comino, etc. Esto los hacía buenas personas.

Es fácil confundir la religión con las prácticas religiosas. Es posible enseñar que la religión consiste en ir al templo, observar el día del Señor, cumplir con las obligaciones financieras hacia la institución, leer la Biblia, vestir de cierta manera. Una persona puede estar haciendo todo esto y andar muy lejos del Señor.

2. El legalismo consiste sólo en prohibiciones. El legalismo existe cuando la conducta se basa en el "no harás". Tiene que haber discernimiento y sabiduría espiritual antes de prohibir aquello que la Biblia no prohibe explícita o implícitamente. No sea que se les esté privando a las personas, en nombre de la religión, de costumbres y prácticas meramente culturales.

3. El legalismo hace del Evangelio una religión fácil. Si una persona puede ser cristiano sólo por abstenerse de ciertas cosas, sería un cristianismo más fácil de lo que es. La esencia de ser cristiano no consiste en lo que uno **no hace**, sino más bien en **lo que hace**: Toma tu cruz y sigue al Maestro.

4. El legalismo divorcia a la religión de la vida. Una religión que remueve a la persona de la vida es una religión falsa. Ese fue el error de los monjes de la Edad Media, que se retiraron al desierto para evitar las tentaciones de la vida. El Señor Jesús en Juan 17:15 oró al Padre, diciendo: "No te ruego que los saques del mundo, sino que los guardes del maligno."

5. El legalismo produce personas separatistas y arrogantes. La religión que anima a personas a aislarse en una secta cerrada y juzgar de pecadores a todos aquellos que no están dentro su círculo, es una religión falsa. El propósito de la religión no consiste en construir paredes o barreras, sino en crear puentes entre una persona y Dios, y una persona y otra.

Lo que el Señor estableció no fueron leyes, sino principios. La Biblia no trata de leyes, sino de principios. Los principios nunca constituyen una ley final sin excepciones. Un principio toma en consideración todos los factores antes de ser aplicado.

Jesús ejerció un liderazgo transformativo. Realizó una transformación radical cuando fue crucificado "fuera de las puertas" del poder religioso. Al morir fuera de las puertas, dice Orlando Costas[17], cambió el lugar de las víctimas. Jesús estaba escogiendo identificarse con el pobre, el desahuciado, el oprimido.

La religión interna contiene una referencia y revelación divina

La religión incluye una manera de vivir, pero relacionada con lo divino. De otra manera sería una ética. La ceremonia y el ritual en sí mismos son simplemente acciones externas. La religión incluye ambas cosas, lo externo y lo interno. Es la fe recibida por la revelación de Dios lo que convierte a la ceremonia y al rito en algo espiritual y divino.

La revelación consiste en "quitar el velo". Significa el descubrimiento de algo. David, en el Salmo 19, llama la atención sobre los dos tipos de revelación. Por un lado, "los cielos cuentan la gloria de Dios" (v. 1), donde es imposible no reconocer lo divino. Por otro lado: "¿Quién puede discernir sus propios errores?"(v. 12). A la primera la llamamos "la revelación general", porque es disponible universalmente. La segunda es "la revelación especial", porque es un descubrimiento particular sobre cómo encontrar el favor de Dios, dado primero al creyente pero con la intención de que sea para toda la raza humana.

La revelación general nos ayuda a descubrir la existencia y la realidad de Dios. La revelación especial nos da a conocer la necesidad de hacer la paz con Dios. Dice el libro de Hebreos que "Dios, habiendo hablado hace mucho tiempo, en muchas ocasiones y de muchas maneras a los padres por los profetas, en estos últimos días nos ha hablado por su Hijo . . ." (Hebreos 1:1, 2).

La revelación especial de Dios al ser humano culmina con la encarnación de su Hijo, Jesucristo. "El verbo se hizo carne" (Juan 1:14) y la persona divina de Jesús se unió a la naturaleza y el potencial humanos cerrando la brecha que los separa de Dios.

La revelación especial de Dios en Jesucristo radica en que esta revelación sea personal. Dios se revela al ser humano dándole su nombre. "El que me ha visto a mí, ha visto al Padre" (Juan 14:9). Él establece un convenio con el ser humano y se da conocer. Dios mismo se revela y no sólo en palabras, sino personalmente. Dios llega al ser humano en palabra y en

---

17   Orlando Costas, *Christ, Outside the Gate*, página 194.

acción, en verdad y en hechos. La proclamación cristiana descansa sobre las evidencias de una realidad histórica y sobre la relación personal que el mensajero tiene con el Cristo resucitado. (Se explicó a fondo este último tema en el capítulo cuatro.)

EL LÍDER COMO AMIGO
(La razón de ser)

"Ya no os llamo siervos, porque el siervo
no sabe lo que hace su señor; pero os he
llamado amigos, porque os he dado a
conocer todo lo que he oído de mi Padre."

Juan 15:15

Capítulo 8

El líder y la identidad

LA IDENTIDAD DEL LÍDER

Leí la historia de un estudiante de teología que hacía una visita al hospital como parte de su práctica pastoral. La supervisora le dio una bata blanca para cubrirse y lo envío a visitar a un paciente. El estudiante se dio a conocer con el paciente y procuró entablar una conversación, pero no encontraba cómo relacionarse. El paciente estaba grave con cáncer y se encontraba de muy mal humor. El estudiante procuró ofrecer sus servicios. Pero el enfermo se negó. El estudiante luego ofreció llamar a quien el paciente deseara ver, un sacerdote, un rabí. Pero nada cambió el humor del paciente. Finalmente, éste le pidió al estudiante que lo dejara solo.

El estudiante regresó a su oficina en el templo, sintiéndose sumamente fracasado porque no pudo relacionarse para ministrar al paciente. La experiencia fue dolorosa y le causó confusión. Obviamente no era médico para tratar el cáncer del paciente, ni era un psicólogo certificado para tratar con el trauma emocional y moral del paciente moribundo. No era un obrero social para tratar con la familia del paciente. *¿Quién eres y en capacidad de qué visitas a esta persona? ¿Qué relación esperabas establecer con esa persona? ¿Qué crees que puedes hacer por esa persona? ¿Cuál es tu especialidad y tu misión?*[18]

Estas preguntas y otras semejantes son las que se hacen los líderes frecuentemente. Son preguntas de identidad. La identidad del líder es ser lo que representa, ser la persona que pretende ser. El ministro ministra. El líder dirige. El líder espiritual es personalmente espiritual. De la identidad viene la integridad del líder. La integridad es una virtud moral que se refiere a la rectitud. Y de la rectitud viene la intimidad. "Pues el Señor es justo, Él ama la justicia; los rectos contemplarán su rostro" (Salmo 11:7). "Con el benigno te muestras benigno, con el íntegro te muestras íntegro" (Salmo 18:25).

---

18 Henri Nouwen, *Creative Ministry*, página 43.

Al vivir en una época de un activismo exagerado, muchos líderes creen que su valor está en su producción. Sólo se han acostumbrado a las preguntas sobre el cómo del ministerio. Su visión incluye sólo el hacer y los resultados que proceden de su labor. Pero descuidan el ser y carecen de una imagen de sí mismos positiva y bíblica. Así que cuando viene la crisis, como le llegó al seminarista, sienten la falta o el vacío en su ministerio.

Toda persona es un suma de varios *yoes*: el yo privado, el yo público, el yo falso, el yo auténtico. La integración de los varios *yoes* es esencial para la salud mental y necesaria para la relación social. Si esas unidades de la persona no están en comunicación, entonces la persona no puede mantener una comunión valida con otras personas.

La identidad es el fundamento de la integridad personal y organizativa. La identidad es lo que uno dice ser y lo que es la iglesia o la organización. La integridad es la constancia de la iglesia en ser lo que dice ser. Además, sin la identidad y la integridad no puede haber intimidad.

Cuando no existe la unidad de estos tres elementos: la identidad, la integridad y la intimidad, resulta una crisis. Semejante falta de unidad fue la que condujo a David a orar en el Salmo 51:

> Ten piedad de mí, oh Dios, conforme a tu misericordia;
> conforme a lo inmenso de tu compasión, borra mis
> transgresiones.
> . . .
> Crea en mí, oh Dios, un corazón limpio,
> y renueva un espíritu recto dentro de mí.
> . . .
> Entonces enseñaré a los transgresores tus caminos,
> y los pecadores se convertirán a ti.
> . . .
> Haz bien con tu benevolencia a Sion;
> edifica los muros de Jerusalén.
> Entonces te agradarán los sacrificios de justicia,
> el holocausto y el sacrificio perfecto;
> entonces se ofrecerán novillos sobre tu altar.

Salmo 51:1, 10, 13, 18, 19

¿Cuál es esta crisis? Es que la oferta no concuerda con los resultados. Uno ofrece su servicio y ese servicio no se recibe. Como en el caso del estudiante que se ha mencionado, es difícil entender que procurando hacer un bien se le devuelva un desprecio por una persona obviamente en necesidad. Una enemistad provocada por un bien. El recibir un mal por un bien hecho. Esto desorienta a los líderes de hoy.

En el primer capítulo de este libro se dijo que la maldición de la sociedad es la superficialidad. Esta superficialidad se halla en el carácter y en las relaciones humanas. No se saben contestar el **qué** y el **porqué** del ministerio. Esto es lo que hoy cosechan los líderes. Las personas hacen juicios prematuros. Se toman decisiones sólo por la apariencia superficial. Líderes son puestos en categorías que no son las correctas ni justas a su persona y a su llamado. El interés de muchos en un líder es solamente por el uso y por lo que le pueden sacar.

Por esta razón se dijo al principio que se necesitan líderes profundos. Únicamente líderes que puedan discernir lo que existe profundamente dentro de sí mismos y en su ambiente, podrán sobrevivir dicha crisis y prueba. Como alguien dijera: "Sólo se puede satisfacer la sed de los pozos que tienen agua." Los líderes transformativos comunican ese carácter profundo y forman amistades para contrarrestar las enemistades de la vida. Pero los líderes con inseguridades en cuanto a lo que son e incertidumbres sobre lo que representan, se verán desorientados.

La importancia de la identidad y el significado personal del líder se definen por lo que éste es como persona. Uno debe ser un amigo para hacerse de amigos. El punto principal que aquí se presenta es, primero, que la tarea personal más importante de un líder es ser la persona que Dios quiere que sea. El significado personal y la identidad del líder se definen por lo que es como persona. Segundo, la integridad proviene del carácter y del corazón del líder, mediante el papel y el ministerio que se ejerce. Tercero, la imagen positiva de sí mismo que tiene el líder se demuestra de una forma íntima con sus seguidores.

Fue David quien dijo que "los secretos del Señor son para los que le temen, y Él les dará a conocer su pacto" (Salmo 25:14). David es un modelo de esa relación y de esa revelación. Semejante relación de la identidad y de la intimidad entre el líder y el seguidor, es lo que resultará en la integridad que Dios espera antes de revelar sus secretos. La relación precede a la revelación.

UN AMIGO DE DIOS

David y Dios

La vida de David es una revelación. Revela lo divino y lo humano de la vida. Ninguna otra historia en la Biblia manifiesta la altura, la profundidad, la anchura y la longitud de la experiencia humana a través de una persona que se relaciona con Dios en su vida diaria. La relación era de tal grado que cuando David hace la pregunta: "¿Qué es el hombre para que de él te acuerdes?", él mismo responde, diciendo: "¡Lo has hecho un poco menor que los ángeles, y lo coronas de gloria y majestad!" (Salmo 8:4, 5).

David revela una identidad positiva y espiritual. David nos recuerda que no podemos ser humanos sin Dios. Para David, Dios está en el centro de la vida humana. Dios es el que toma "el barro" humano y lo trabaja de acuerdo con sus propósitos. Para David, Dios tiene el control de la vida humana, se interesa y se involucra en los asuntos cotidianos. Dios se "encarna" en la condición humana, la abraza, la salva y le da identidad.

David consigo mismo

La vida de David también revela una identidad humana y saludable. David tenía solidaridad con el Creador y con la naturaleza del Creador, incluyendo su propia humanidad. Porque conocía bien a Dios, David conocía su humanidad.

La humanidad de David consistía en muchas manchas morales. La mentira y la envidia, la pasión y la concupiscencia, el poder y el nepotismo; todo eso le causaba dolor a su alma. David tenía todas las condiciones típicas de los seres humanos comunes y corrientes.

Pero aun cuando abrazaba toda la gama de la humanidad pecaminosa, también llevaba en sí todo el potencial de lo divino. Llevó todas las condiciones humanas a tal grado que su vida anticipa la venida de Jesús, el Hijo de David.

David demostró en su relación con Jonatán su capacidad de amar profundamente (1 Samuel 18:1–5). Se mostró compasivo hacia Mefiboset (2 Samuel 9). Este fue el principio y de allí David creció en relación con su comunidad y el liderazgo que después ejerció. El Salmo 23 es un ejemplo clásico de este modelo.

El más importante de los principios transformadores proviene del carácter y el corazón del líder. El carácter es el hombre en relación con la humanidad. El carácter revela todas las esferas de su persona. Abarca también sus aptitudes morales y éticas. Del carácter de David proviene el íntimo y poderoso contenido de sus salmos.

David y su familia

El carácter de David es de admirarse en su relación con todo el mundo. Pero como alguien dijo: "La sociedad ve el carácter, pero la esposa y los hijos estudian el genio del esposo y del padre." El genio o la disposición de David necesitó refinamiento.

David fue el más grande de los reyes y el peor de los padres de familia. El "talón de Aquiles" de David fue su familia. Desde muy joven David no tuvo el calor familiar debido. Cuando el profeta Samuel vino a ungir a uno de la familia de Isaí, David fue pasado por alto. Cuando venció al gigante Goliat, sus hermanos le tuvieron envidia. Desde joven fue llamado a servir en el palacio de Saúl. De manera que David no tuvo un fundamento familiar favorable.

La causa inicial fue la desobediencia de algunas de las leyes concebidas para los reyes (Deuteronomio 17:17) en cuanto a la familia. Su corazón se desvió. David tuvo ocho esposas, cuyos nombres conocemos, y diecinueve hijos, la mayoría de los cuales son mencionados en la Biblia.

David desarrolló su disciplina personal, pero descuidó la de su familia. Los problemas de la familia fueron una gran prueba y obstáculo. Tamar, la hija de su cuarta esposa, fue violada por Amón, el hijo de su tercera esposa. Absalón, el hermano de Tamar, asesinó a Amón por violar a su hermana. Absalón se rebeló contra su padre. Adonías, el hijo de su quinta esposa, nunca fue reprendido (1 Reyes 1:6) y también levantó una insurrección contra su propio padre.

La historia familiar de David tiene más intrigas que una telenovela moderna. Pero en realidad es una historia triste, trágica y de mucho dolor, que debiera grabarse en la mente de todo líder para "que gobierne bien su casa, teniendo a sus hijos sujetos con toda dignidad" (1 Timoteo 3:4).

A pesar de todo, David fue "el varón según el corazón de Dios", porque permaneció sincero, tierno y arrepentido.

David y Jonatán: la amistad modelo

La identidad y la intimidad que David no tuvo con su familia la recibe de su íntimo amigo Jonatán. La amistad de Jonatán fue necesaria para David como persona y como líder. Fue un factor positivo y de afirmación para David. David y Jonatán trataron juntos de entender a Saúl y conocer los propósitos de Dios.

Jonatán ofreció a David una amistad desinteresada. La costumbre de aquellos días y lo lógico era que el hijo heredara el trono de su padre. Aun así, Jonatán conocía los propósitos de Dios y no se aferró al trono. Jonatán reconocía a David como príncipe y heredero del trono. Jonatán ayudó a preservar la vida del verdadero ungido de Jehová. Producto de su relación con Jonatán es que David comienza a entender el valor de la amistad, y escribe: "Mirad cuán bueno y cuán agradable es que los hermanos habiten juntos en armonía" (Salmo 133:1). Esto lo escribió David estando en el desierto, muy lejos todavía de su reinado.

Jonatán fue un amigo íntimo para David. Jonatán confirmaba lo más profundo y lo más significante en la vida de David. Podía ver la mano de Dios sobre David. Respetaba la unción sobre la vida de David. Afirmaba lo que David verdaderamente representaba como persona y como varón de Dios. Como ya se ha dicho, David tenía muchas fallas y debilidades pero Jonatán fue el tipo de amigo que sin desconocer tales cosas, mantenía su mirada en lo que Dios había visto en él.

Fue una amistad de un pacto incondicional. Jonatán fue un amigo fiel, con un amor incondicional. Aun cuando recibía muy poca recompensa emocional y corría peligro, Jonatán era fiel a David. En este amigo pensaba Salomón, el hijo de David, cuando escribió en Proverbios 18:24: "El hombre de muchos amigos se arruina, pero hay amigo más unido que un hermano."

Jonatán era leal a su familia, incluso cuando su padre desobedecía a Dios. El rey Saúl y su hijo Jonatán murieron el mismo día. La muerte del primero removió el último obstáculo para que David subiera a trono. La muerte del amigo fue la inspiración del futuro rey de Israel, cuando escribió:

> ¡Cómo han caído los valientes en medio de la batalla!
> Jonatán, muerto en tus alturas.
> Estoy afligido por ti, Jonatán, hermano mío;
> tú me has sido muy estimado.
> Tu amor fue para mí más maravilloso
> que el amor de las mujeres.
>
> 2 Samuel 1:25, 26

Las muchas esposas de David le habían desviado de los propósitos de Dios, pero Jonatán fue para él un constante recuerdo del amor incondicional de Dios.

LA IDENTIDAD Y LA INTIMIDAD DEL LÍDER

Platón, el filósofo griego, decía que vivir la vida es un arte, pero que la vida es excelente sólo cuando se prepara toda la dimensión y la profundidad del ser. *La Biblia al día* interpreta Proverbios 12:24 así: "Trabaja con empeño y serás dirigente." Para obrar a fin de alcanzar la excelencia, venimos proponiendo un nuevo modelo para el liderazgo que responde a la personalidad y la cultura del pueblo hispano.

El modelo de relación o de amistad que se está proponiendo aquí requiere dos cosas: la identidad y la intimidad. Una no se puede separar de la otra. Una depende de la otra. La integridad del líder depende de su identidad y de su intimidad. Uno no puede dar más de lo que uno tiene. Nadie puede ser íntimo sin identidad.

Dice Henri Nouwen que Jesús vivió treinta años con su familia terrenal. Allí aprendió a ser un hombre que sabía quién era y qué quería hacer con su vida. Sólo entonces pudo estar listo para entregarse a sí mismo (Filipenses 2:7) y dar su vida por otros.[19]

La integridad del líder descansa en la fidelidad a lo que decimos que somos como persona, como líder, y como iglesia. La integridad de la iglesia descansa en la relación íntima con el Señor, para oír "palabra de Jehová" y conocer los propósitos de Dios para con el líder y la iglesia local o grupo en particular.

Hasta ahora se ha usado la relación entre el pastor y las ovejas para ilustrar la identidad y la intimidad del líder y sus seguidores. Jesús mismo deseaba llamarse "pastor" (Juan 10:11, 14). El título de pastor y la condición del pueblo traen a luz la importancia y la relación de la identidad y la intimidad del líder. A Jesús lo motivaba su compasión por la condición de aislamiento y de enajenación de la gente. Veía una condición más allá de lo físico. Eran las condiciones internas y morales a las que se estaba refiriendo. Se describe esta condición y la preocupación de Jesús cuando se dice: "Y viendo las multitudes, tuvo compasión de ellas, porque estaban angustiadas y abatidas como ovejas que no tienen pastor" (Mateo 9:36).

Esta condición de aislamiento y enajenación se produce con más frecuencia en nuestro tiempo. Los cambios sociales y los avances tecnológicos de hoy han creado semejante angustia en la gente. El ambiente impersonal de la era presente ha incrementado la enajenación en las personas. Desaparece lentamente el contacto humano y personal, dejando un hambre por la relación íntima que provee la amistad.

Jesús eleva la identidad y la intimidad

El apóstol Pablo usó extensamente el concepto de *siervo* en sus escritos (Filipenses 2:1–5). Pero fue Jesús quien cambió la metáfora o el paradigma de pastor a amigo. No es que uno excluya al otro. Hay tiempos en que uno debe mostrarse como siervo. Pero hay otros tiempos en que se requiere la amistad. Un paradigma es como la herramienta que tiene uno en las manos y que se intercambia según la necesidad.

---

19 Henri Nouwen, op. cit., página 51.

Un paradigma es una serie de ideas que dirigen el pensamiento sobre un concepto particular. La metáfora es la forma visual de representar el paradigma. Pero ambos tienen valor sólo mientras comuniquen la idea. Cuando surge otra idea mejor, se cambian pero no se reemplazan el paradigma y la metáfora.

Jesús introdujo el concepto nuevo y poderoso de la amistad cuando usó el término *amigos*, diciendo: "Ya no os llamo siervos . . . pero os he llamado amigos" (Juan 15:15). No es que ya no tenga valor el concepto de *siervo*. Jesús introdujo no sólo una actitud nueva, sino también una relación nueva. Jesús llevó la idea de la intimidad a un nivel más elevado y más profundo. Al rebaño que el Padre puso a su cuidado, es decir, a sus discípulos, Jesús les declaró: "Nadie tiene un amor mayor que éste: que uno dé su vida por sus amigos" (Juan 15:13). Esto da a conocer la relación íntima entre el Maestro y sus discípulos y la revelación del Señor a sus seguidores.

Con estas palabras de Jesús se traspasa la idea de la intimidad a nuestros tiempos modernos. Al usar el término *amigos*, la idea toma un sentido más contemporáneo e íntimo que la metáfora del pastor y las ovejas. No se trata aquí de una amistad de plebiscito o de una relación vulgar de amiguismo o nepotismo. Aquí se trata de lo que dice Proverbios: "El hombre de muchos amigos se arruina, pero hay amigo más unido que un hermano" (18:24). "En todo tiempo ama el amigo . . ." (17:17). Este es el tipo de relación que existe entre Jesús y sus seguidores y el tipo de amistad que se requiere del líder.

Jesús le pregunta a Pedro: "Simón, hijo de Juan, ¿me amas?" (Juan 21:15). Jesús apela a la identidad ("hijo de Juan") y la intimidad ("¿me amas?"). Y cuando le dice: "Apacienta mis ovejas", es también señal de la intimidad de que se trata. La metáfora se usa con el fin de poner en forma concreta una verdad abstracta. La imagen que este cuadro bíblico presenta es de una tarea personal, íntima, afectiva y compasiva. En Isaías 40:11 está el siguiente cuadro: "Como pastor apacentará su rebaño, en su brazo recogerá los corderos, y en su seno los llevará; guiará con cuidado a las recién paridas." Los verbos que se usan en este versículo, tales como *apacentar, recoger, llevar, guiar* y *cuidar*, nos dan una idea de la labor especial en que se ocupa el pastor.

La intimidad es una verdad y una virtud muy humana, pues son los seres racionales los que sienten lo íntimo. Es un sentir y una relación social, emocional y moral. Alguien dijo que "el amor es la esencia íntima de nuestros corazones" y que la intimidad "es la lumbre que nos calienta en el hogar del alma."[20] Es eso y mucho más.

---

20   Vila, op. cit., página 283.

Jesús revela una nueva identidad: amigos

Dios llamó a Abraham "mi amigo" (2 Crónicas 20:7; Isaías 41:8; Santiago 2:23). Abraham anduvo con Dios y creyó a Dios en sus promesas; esto le fue contado por justicia. Luego Jesús dice a sus discípulos: "Vosotros sois mis amigos" (Juan 15:14). Jesús presenta la condición y el beneficio de la nueva relación. Hoy día los líderes debemos ser amigos de Jesús. Debemos ser amigos entre los líderes y amigos de nuestros seguidores.

En tanto el Antiguo como el Nuevo Testamento, se hace mención de tres niveles de amigos: amigos por asociación solamente (Jueces 7:13; Romanos 15:2), amigos por asociación y lealtad (2 Samuel 15:37; Juan 19:12) y amigos por asociación, lealtad y afecto (1 Samuel 1:17–27; 1 Timoteo 1:2; Tito 1:4). Sobre todo, los amigos de Jesús son los que guardan su convenio y sus mandamientos.

Una amistad modelo

El convenio entre Jesús y sus discípulos fue un convenio de intimidad y amistad: "Vosotros sois mis amigos . . ." La condición fue la obediencia o lealtad: ". . . si hacéis lo que yo os mando." Y el beneficio fue la revelación: ". . . os he dado a conocer todo lo que he oído de mi Padre" (Juan 15:14).

El líder transformativo y sus seguidores siguen el ejemplo de Jesús y se dedican a semejante intimidad y amistad. Jesús envía a los líderes de hoy tal y cual envió a sus discípulos, diciendo: "Paz a vosotros; como el Padre me ha enviado, así también yo os envío" (Juan 20:21). La integridad del líder y de la iglesia local es la virtud moral que hace posible conservar y honrar el convenio o acuerdo que Jesús dejó a su iglesia.

El modelo de amistad requiere tanto la identidad como la intimidad. Una no se puede separar de la otra. Una depende de la otra. Como se dijo, la integridad descansa en la fidelidad a lo que decimos que somos como persona, como líder y como iglesia. También se fundamenta en una relación íntima para oír "palabra de Jehová" y conocer los propósitos de Dios.

La condición de la identidad

La intimidad implica lealtad y obediencia. Jesús les dice a sus discípulos: "Vosotros sois mis amigos si hacéis lo que yo os mando" (Juan 15:14). La condición de la intimidad es la obediencia. Una relación íntima requiere la fidelidad de una persona para con la otra. Entre amigos se hacen convenios sin suscribir contratos.

El líder transformado es un líder transformador. Debe querer ser el líder que Dios quiere que sea y el líder que sus seguidores necesitan que sea. El líder y sus seguidores gozan de la identidad personal del líder y la identidad misionera de la iglesia local o del grupo.

LA LEALTAD Y LA CONSTANCIA DEL LÍDER

La lealtad surge del interior del líder mismo. El líder que no es leal a su Señor no podrá esperar lealtad de sus seguidores. Es algo que surge de una realidad positiva interna que se expresa en una manifestación positiva externa. Cuando la lealtad surge de manera clara, impone respeto, atrae a los seguidores, anima, inspira y transforma el propósito en acción.

La amistad integral consiste en el intelecto, la emoción y el alma del líder. Estas tres facultades se integran como una sola unidad en la vida espiritual del líder. Si uno limita la amistad al intelecto y a lo práctico, llega a ser algo abstracto y frío. Si se limita a lo emocional y psicológico, se convierte en un narcisismo. Y si se limita al alma y al espíritu del líder, pierde el contacto con la realidad. El intelecto, la emoción y el alma dependen los unos de los otros para hacer completa la obra del liderazgo en la vida y la experiencia de los seguidores.

La lealtad nace del carácter y no sólo de la personalidad

La profundidad del carácter del líder nace de su identidad. Esta identidad se establece y se refleja en la filosofía de su ministerio. Pero existen muchos líderes que dirigen sin una filosofía o manera clara de ministerio.

El líder debe tener una **previsión**: buen juicio de cómo encuadra la visión en el ambiente total en que se desarrolla la iglesia, tanto en el pasado, como en el presente y el futuro. La previsión antecede a **la visión**. Una visión consiste en varias **percepciones**: (1) una percepción **a posteriori**, que es una mirada al pasado, o sea, después de los hechos. Es una perspectiva histórica hacia sus raíces para anticipar que no se violen las tradiciones y la cultura de la iglesia, sino más bien que se complementen; (2) una percepción de **la profundidad** que ve todo el panorama con detalle y perspectiva apropiados; (3) una percepción **periférica** que ve el impacto que tendrá en otros grupos o iglesias; y (4) una percepción **global** que interpreta el impacto de una nueva visión en la iglesia y en su comunidad. Por último, se debe poner en práctica un proceso de **revisión** para evaluar los resultados.[21]

---

21   Bennis y Nanus, op. cit., página 95.

Es de suma importancia ver a Dios, al líder y al pueblo obrando en una relación dinámica y viva. A veces resulta una relación chocante y desagradable y otras veces es agradable y armoniosa. Pero en todo caso es una relación dinámica real y genuina que demuestra la integridad del ministerio.

La lealtad del líder identifica su filosofía de liderazgo

Una filosofía de ministerio consiste en ideas, valores y principios que el líder usa para tomar decisiones, hacerle frente a problemas y evaluar su ministerio. La filosofía o manera de ministerio beneficia al líder de varias maneras: (1) le da una perspectiva global del cuadro; (2) le da una idea clara de su identidad como líder, de la misión de Cristo y la de su iglesia o grupo; (3) le ayuda a identificar los valores personales y de su misión; (4) le ofrece los principios espirituales, sociales y técnicos de la misión; y (5) le permite contestar las preguntas de lo que se quiere alcanzar y por qué.

Esta filosofía de ministerio del líder no se forma en un vacío. Se forma de los fundamentos bíblicos y eclesiásticos. Se forma en el proceso de la madurez del ministerio. Se forma mediante las lecciones (buenas y malas) del pasado. Son lecciones recibidas formal o informalmente. Son lecciones que tienen que ver con la formación espiritual (el desarrollo del carácter), la formación ministerial (destrezas ministeriales) o con la formación educativa (conocimientos académicos). Estas lecciones se van aprendiendo y va conformándose una filosofía de ministerio que se manifiesta en la manera de dirigir y ministrar del líder. Se convierte en una reserva de sabiduría que el líder usa en el futuro. La filosofía de ministerio, sobre todo, es la que fija el marco de la visión del líder.

La lealtad del líder se convierte en un liderazgo atractivo

La visión es el primer catalizador del liderazgo transformativo. Pero la integridad y la constancia le dan validez. Un líder con visión e integridad resulta en un liderazgo de atracción. Atrae, hala a sus seguidores. No los empuja o los fuerza hacia las metas. Les gana la confianza en él y luego en la visión que Dios le ha dado para ese grupo en particular. Los seguidores deben sentir una afinidad con la visión.

Atraer significa "traer hacia sí". Se atrae con promesas, con dádivas, con halagos. Pero también se atrae con enseñanzas. Se conoce la palabra *catequismo*, pero se cree que sólo atañe a la iglesia católica. Al catequizar, el líder evangélico revela sus intenciones y comunica su visión.

Por medio de su visión el líder apunta hacia el futuro de manera realista, práctica, creíble y atractiva. ¿Cómo? Primero, se forma un cuadro o una imagen de lo que se quiere lograr. Segundo, se comunica efectivamente la visión y la estrategia para alcanzar la visión. Tercero, coloca a la iglesia o al grupo en una posición positiva en cuanto a la dirección que marca la visión. Por último, se habilita o se autoriza a los seguidores a procurar la visión.

Los beneficios de la lealtad

Existe cierta relación entre la lealtad y la intimidad. La intimidad es lo íntimo y lo interno de la persona. La lealtad es la demostración física de esa intimidad. Como ya se dijo, la intimidad implica dos verdades importantes. Vimos primero que implica obediencia de parte del seguidor. Y segundo, la intimidad implica la revelación de parte del líder. Este es el convenio entre Jesús y sus seguidores y entre el líder de hoy y sus seguidores.

En la intimidad se revelan las intenciones de una persona para con otra. Jesús les dijo a sus discípulos: ". . . os he llamado amigos, porque os he dado a conocer todo lo que he oído de mi Padre" (Juan 15:15). Como Jesús, el líder transformativo escucha claramente la voz y la voluntad de Dios. Conoce las intenciones y los propósitos de Dios. "Los secretos del Señor son para los que le temen, y Él les dará a conocer su pacto" (Salmo 25:14).

En lo íntimo se encuentra el secreto de nuestras ideas, de nuestros afectos, de nuestras imágenes, de nuestras esperanzas, de nuestros dolores. En otras palabras, el líder comparte la visión con el seguidor, así como Dios comparte la visión con el líder.

Existe la visión general. Es decir, el líder transformativo tiene una visión clara de Dios, de la humanidad y de la misión. Pero también existe la visión específica: aquella que el líder tiene clara en su mente y que comunica en términos propios de la congregación local o del grupo que dirige.

La visión específica del líder para su iglesia o su grupo es un llamado emocional a algunas de las necesidades fundamentales del ser humano. Por supuesto, esa visión es también un llamado espiritual a las verdades fundamentales de la Palabra de Dios, y debe corresponder a la misión universal de Cristo para su iglesia (Mateo 28). Esto último lo trataremos en otro capítulo, pero la primera responsabilidad del líder es interpretar la realidad de su vida y la vida de sus seguidores a la luz de los propósitos de Dios para con él y su grupo. Sólo así puede llamar la atención de sus seguidores a la visión que Dios le ha dado. El amigo sabe lo que su Señor hace.

EL MODELO DE RELACIÓN Y LA VISIÓN

La visión de la iglesia es un asunto del ser y el hacer. La integridad del ministerio depende de la identidad del líder y de la relación con sus seguidores. La pregunta clave que se hacen los seguidores es si el líder es "de confianza" o no. Debe existir primero en la mente de los seguidores un claro sentido de lo que es el líder; entonces conocerán lo que se quiere hacer. Es con esa identidad positiva y esa integridad que se hace posible la intimidad o amistad entre el líder y los seguidores, algo que se requiere para alcanzar las metas o la visión que se desea.

El espíritu de competencia que prevalece en estos días nos hace pensar que los éxitos y los logros hacen a la persona. Pero esto no es del todo cierto. El historial de buenos éxitos se aprecia, pero si el líder representa una humanidad profunda y una espiritualidad profunda, la simple intimidad de su presencia inspira a sus seguidores. Por eso se dijo al principio de este libro que lo que se necesita hoy día no son más líderes, sino líderes profundos.

La visión debe de ser cristocéntrica

La intimidad es algo intrínseco. Lo intrínseco se refiere a la constitución esencial de las cosas. Es la serie de cualidades que va unida a las substancias de la misma naturaleza de los seres humanos. Esto incluye la habilidad de pensar, de querer, de sentir, de imaginar y de creer. Si se borran estas cualidades, se borra el ser humano. El líder que atiende a estas cualidades humanas puestas allí por el Creador, atiende al Creador mismo.

Por esta razón, la visión es colectiva y creativa. Se inicia en el corazón y la mente del líder, pero nace de la intimidad que existe entre el líder y sus seguidores. Los amigos saben lo que hace su Señor. El líder no sólo comunica, sino también comparte la visión y el propósito con los seguidores. Los seguidores sienten que tienen parte en la visión.

La visión debe ser creativa

La integridad del ministerio nace de la relación íntima de la que el líder goza con sus seguidores, se refleja en la visión del líder y se ejerce dentro los propósitos de Dios para ese grupo.

Pero, repito, la visión nace de la intimidad que existe entre el líder y sus seguidores, el pastor y sus miembros. En nuestra cultura acostumbramos a mostrarnos íntimos con los miembros de la familia y no con otros fuera de la familia. El líder debe desarrollar la habilidad de intimar con sus seguidores. Los líderes que no tienen intimidad con sus seguidores tienden a usar otros métodos; algunos dependen del poder o la fuerza para lograr sus propósitos.

El líder íntegro no depende de sus "trofeos". Sus mejores credenciales son su persona misma. No necesita de maniobras o trucos. No siempre busca recibir, más bien se esmera en dar. El líder íntegro se conforma con ser lo que es y no se desespera por ser lo que otros son. Goza de una saludable imagen de sí mismo, especialmente si es una persona honrada y de palabra.

El líder de integridad hace de otros "su agenda". No es una persona ensimismada, que sólo hace acto de presencia cuando le conviene o cuando se le ofrece algo. Alguien dijo que el líder confiado sabe que el ochenta por ciento del éxito está en hacer presencia. Hay una gran verdad en esta aseveración cuando hay mérito en la persona misma. Aun cuando dicho líder no diga o haga mucho, su sola presencia tiene gran valor, por lo que representa y afirma en sus colegas.

La visión debe inspirar confianza

Tanto el líder como los seguidores sienten que la visión es de su propiedad. Sienten que es algo suyo para contribuir al Reino de Dios. Es su grano de arena. Los seguidores se sienten motivados por lo que está suce-diendo y por lo que pudiera suceder en el futuro del grupo y de la iglesia. Se sienten confiados en el líder que los dirige porque la visión es clara y la posición del líder en relación con la iglesia o el grupo es clara.

La intimidad del líder lo hace transparente. Los seguidores "ven" dentro del corazón del líder, lo cual resulta en confianza hacia el líder. La confianza es la base de la autoridad espiritual y organizativa. Es la fuerza interior que motiva a los seguidores. Cuando no existe la confianza en el líder o en "su visión", no responden los seguidores. Y cuando no existe la cooperación o la autorización de los seguidores hacia el líder, no hay visión. Infelizmente, así es la situación de muchas iglesias y grupos.

Una gran cantidad de iglesias hoy día ha convertido a sus líderes en gerentes o administradores. El pastor debe ser líder y no administrador. El líder debe delegar los asuntos rutinarios a los administradores y dedicarse a iniciar la visión de Dios para la iglesia o el grupo. Ya se dijo que el administrador se dedica a mantener el statu quo de la organización, mientras que el líder se dedica a traer un cambio mediante la realización de la visión que Dios tiene para esa iglesia o grupo. El administrador hace las cosas de manera correcta, en tanto que el líder hace lo correcto.

Capítulo 9

El líder y la misión

DAVID Y EL REINO DE ISRAEL

En el año 1588 el rey Felipe II de España planeó invadir a Inglaterra. Hizo sus planes con mucho cuidado y envió su famosa Armada Española al ataque. La invasión se apoyó en 130 barcos y 8.000 marineros. Felipe II estaba seguro de la victoria. Pero los eventos no marcharon de acuerdo con sus planes. La infantería, que debía apoyar a las naves desde la playa, no llegó a tiempo. Los ingleses rechazaron a la Armada. Y luego un fuerte viento impidió que las naves españolas se retiraran y las envío de vuelta a manos de su enemigo. Los planes del rey español fallaron y sus fuerzas perdieron la batalla.

La iglesia es una iglesia en una misión. El plan universal de Dios para reconciliar al mundo con su Creador ya tuvo su principio. El plan de Dios está marchando de acuerdo con su voluntad, a fin de traer al hombre de regreso al compañerismo con Él. El plan de Dios no ha fallado ni fallará.

La venida del Espíritu Santo en el día de Pentecostés "selló" la posesión de Dios. El plan de redención había sido completado por la resurrección de Cristo. El Espíritu Santo vino a declarar que los redimidos eran propiedad de Dios y ahora los enviaba a cumplir la misión de Dios que Jesús, el hijo de David, comenzó.

Otra vez examinamos la vida de David como una ilustración de esto. Bajo el reinado de David, Israel llegó a recibir la promesa que Dios hizo a Abraham. Obediencia a las leyes de Dios, fidelidad a la tarea y constancia en el liderazgo, fue la herencia que David dejó.

David dio principio al concepto revolucionario del Reino de Dios

Ningún otro rey antes o después de David expandió la tierra de Israel. Se extendieron sus límites y prosperó a tal grado que la mente de las futuras generaciones ha considerado a David como el rey ideal, y este período de la historia de Israel como el reino ideal. Durante la deportación de las tribus del norte y la caída de la tribu de Judá, el profeta Isaías anima al pueblo de Dios con la promesa del Príncipe de Paz, diciendo:

> Porque un niño nos ha nacido, un hijo nos ha sido dado,
> y la soberanía reposará sobre sus hombros;
> y se llamará su nombre Admirable Consejero, Dios
>   poderoso,
> Padre Eterno, Príncipe de Paz.
> El aumento de su soberanía y de la paz no tendrán fin
> sobre el trono de David y sobre su reino,
> para afianzarlo y sostenerlo con el derecho y la justicia
> desde entonces y para siempre.
> El celo del Señor de los ejércitos hará esto.

Isaías 9:6, 7

Históricamente, con David se dio principio al concepto revolucionario del Reino de Dios. Este Reino es uno cuyos ciudadanos de manera voluntaria se convierten en adeptos. Tomó siglos para cuajar o cristalizarse esta idea. "Pero cuando vino la plenitud del tiempo, Dios envió a su Hijo, nacido de mujer, nacido bajo la ley", como dice Pablo en Gálatas 4:4. Jesús, el Hijo de David, vino predicando el Reino de Dios. Usó muchos de los mismos términos e ideas de David. Sus discípulos propagaron también la misma idea. Por ejemplo, el apóstol Pedro en el Concilio de Jerusalén, en Hechos 15, cita las palabras de los profetas Amós y Jeremías, diciendo:

> Después de esto volveré,
> y reedificaré el tabernáculo de David que ha caído.
> Y reedificaré sus ruinas,
> y lo levantaré de nuevo,
> para que el resto de los hombres busque al Señor,
> y todos los gentiles que son llamados por mi nombre,
> dice el Señor, que hace saber todo esto desde tiempos
>   antiguos.

David dejó un reino mejor que el que recibió

David fue un líder del pueblo y se le dio el título de pastor (2 Samuel 5:2). Fue un líder diestro y creativo y se le dio el título de príncipe (2 Samuel 5:2). David le transfirió a su hijo Salomón un reino extenso y próspero, bien organizado y bien administrado. Superó el liderazgo que heredó de Saúl, estableciendo fundamentos sociales, políticos y religiosos en el reino. Los principios y las acciones de David no sólo fueron diferentes a las de otros reyes contemporáneos; fueron además muy avanzados para ese tiempo. Unió a las doce tribus en una nación. Dejó una capital como centro de gobierno del reino. Estableció el arca de Jehová y la adoración al Dios de Israel en el corazón del pueblo.

David dejó un sentir de propósito y misión

David enumera los actos y los propósitos de Dios para su vida en 1 Crónicas 28:1–9 y termina dando el propósito y la misión para su hijo Salomón. Jehová había hablado a David sobre Salomón: "Estableceré su reino para siempre si se mantiene firme en cumplir mis mandamientos y mis ordenanzas . . ." (v. 7). También le dice en el versículo 10: "Ahora pues, considera que el Señor te ha escogido para edificar una casa para el santuario: esfuérzate y hazla." David dejó los materiales para la construcción del templo de Salomón. Así dejó David a Salomón la misión y el propósito para el resto de su vida.

La herencia más valiosa que dejó David fue lo que se conoce como el Pacto (o convenio) Davídico, que Dios hizo con él (2 Samuel 7). David tendría una dinastía permanente que representaba una promesa de seguridad en la estabilidad de su gobierno, en la adoración en el templo y en la vida del pueblo. Sería una imagen perpetua de la relación que existiría entre Dios y el pueblo de Israel. Esta relación nunca sería quebrantada, aun cuando Israel quebrara las condiciones del pacto. El punto dominante del pacto es que Israel sería el pueblo de Dios, según les fue prometido a Abraham, a Moisés y ahora a David.

Las últimas palabras de David se encuentran en el capitulo 23 del Segundo Libro de Samuel, donde declama con pasión poética:

> El Espíritu del Señor habló por mí,
> y su palabra estuvo en mi lengua.
> Dijo el Dios de Israel,
> me habló la Roca de Israel:
> "El que con justicia gobierna sobre los hombres,
> que en el temor de Dios gobierna,
> es como la luz de la mañana cuando se levanta el sol
> en una mañana sin nubes,
> cuando brota de la tierra la tierna hierba
> por el resplandor del sol tras la lluvia."
> En verdad, ¿no es así mi casa para con Dios?
> Pues Él ha hecho conmigo un pacto eterno,

ordenado en todo y seguro.
Porque toda mi salvación y todo mi deseo,
¿no los hará ciertamente germinar?

UNA CRISIS SOBRE LA IDENTIDAD

Templos no hechos de mano

¿Quién no ha dicho: "Voy a la iglesia" en vez de decir: "Voy al templo"? El lugar de adoración se confunde con el sitio de reunión. Y cuando decimos: "Estamos edificando una iglesia", se refiere a las instalaciones que se están construyendo y no se está edificando a hombres, mujeres y niños en la madurez espiritual. El edificio es sinónimo de la iglesia, o sea, la comunidad de creyentes.

En algunos casos se le ha dado más importancia al templo o al edificio, y éste se ha convertido en símbolo del éxito de una congregación. Esta percepción de la iglesia como un edificio es uno de los síntomas de un problema más grande: una crisis de identidad. No sólo se ve a la iglesia de Cristo como ladrillo y madera, sino también se entiende mal el carácter, el propósito bíblico y la misión de la iglesia. El carácter de la iglesia se confunde con el papel de la iglesia.

La autoridad de la iglesia proviene de su misión

La crisis sobre la identidad y misión de la iglesia priva a la iglesia de la integridad y autoridad ante sus miembros y ante la sociedad. En una encuesta se les preguntó a pastores cómo creían que Jesús clasificaría o evaluaría a sus iglesias si el Señor viniera hoy. Sólo el 1 por ciento de los pastores respondió que el Señor consideraría a sus iglesias altamente eficaces. El 43 por ciento contestó que las encontraría satisfactorias pero no con gran éxito. La mayoría de los pastores, el 53 por ciento, dijo que el Señor evaluaría a sus iglesias como deficientes en su impacto positivo en las almas y en la sociedad.[22]

La pérdida de autoridad ha resultado en un efecto negativo en la conducta de los miembros de la iglesia. Sólo del 6 al 10 por ciento de los miembros considera tener un compromiso serio hacia la iglesia. De estos tan

---

22   Estudio de George Barna, citado en *EP News Service*, 2/7/91.

sólo el 25 por ciento son fieles con sus diezmos. Esto es bajo el criterio de que la santidad y la fidelidad es la verdadera medida de la iglesia del Señor. Una mayoría de los creyentes comprenden su identidad personal como seguidores de Jesús. El desafío es el que se capte una mirada elevada, un alto concepto de su identidad como cuerpo de Cristo y de su misión como iglesia del Señor. Hasta que ello no suceda, no se podrá tener un impacto positivo en la iglesia ni tampoco en la sociedad. Hasta que tal cosa no suceda, estarán como "ovejas sin pastor". Por esta razón el Señor ha puesto líderes.

EL LÍDER Y LA MISIÓN GENERAL DE LA IGLESIA

La iglesia es el pueblo de Dios con una misión. En el capítulo anterior se consideró la visión de la iglesia. De la misión de la iglesia surge un conocimiento claro y convincente de lo que debe ser la visión del líder y de la iglesia. La misión es el puente que une la visión con la realidad. Donde no hay visión no hay un sentido claro de lo que es la misión. En este capítulo se considera la misión de la iglesia y el carácter de la iglesia; por estos factores se determina la visión del líder y de sus seguidores.

La misión de la iglesia es su razón de ser. La misión es el conocimiento que tiene una congregación de lo que es su propósito y su razón de existir. Es lo que la distingue de todo otro tipo de organización. Existe para cumplir su propósito. La misión de la iglesia es identidad y actividad, el ser y el hacer. La prueba final de la salud de la iglesia está en su creencia y en su conducta. Aquí entran en juego las creencias y los valores teológicos.

La misión y la integridad

Los factores que demuestran la integridad son la identidad y la misión. El capítulo anterior trató de la vida interior del líder y de su intimidad con el Señor y con sus seguidores. Lo que hace el líder fluye de su identidad y carácter. Los ingredientes de la intimidad son la visión, la amistad, la armonía. Los factores que reflejan la destreza son la comunidad y la organización, los que serán considerados más adelante.

La integridad del liderazgo y del ministerio se basan en la identidad del líder y en la misión de la iglesia. Lo que es el líder y cómo está ubicado en la misión de la iglesia, tiene mayor influencia en la congregación que lo que conoce y lo que hace. Por supuesto que el conocimiento y la destreza son admirables. Pero la integridad y la identidad del líder son lo más importante en el liderazgo cristiano.

La integridad, como ya se dijo, es simplemente el cumplir con las promesas hechas. La integridad requiere del líder que sea lo que dice ser y haga lo que dice hará. La influencia del ejemplo del líder es la autoridad más grande que puede tener con sus seguidores y con la sociedad que le rodea; esta es la contribución particular que el líder trae a la vida y al ministerio de la congregación o grupo.

Otras de las contribuciones importantes que el líder trae son la constancia y la confianza. La constancia, como la integridad, radica en la consecuencia del líder. La constancia y regularidad del líder y de su liderazgo infunden la confianza en sus seguidores. La confianza fortalece la amistad y la armonía de la comunidad que se dirige. Se fortalecen las relaciones humanas del líder dentro del contexto de la congregación y de la moral del pueblo.

La iglesia logra el propósito o la misión de Dios por lo que *es* (una comunidad redimida) y por lo que *hace* (una comunidad redentora). Esta es la esencia y la naturaleza de lo que es la iglesia y su misión. La iglesia tiene un valor intrínseco por lo que *es*. ". . . Cristo amó a la iglesia y se dio a sí mismo por ella" (Efesios 5:25). La iglesia fue escogida por Dios mismo (Efesios 1:11). Así que no es meramente una herramienta o un instrumento en el plan de Dios. La iglesia es el objeto del amor de Dios.

La gran comisión: tarea número uno de la misión

La iglesia es el pueblo de Dios, a quien Dios ha llamado para llevar el mensaje del Reino a todos los habitantes de la tierra. La iglesia es el agente del Espíritu Santo. Las tareas específicas de la iglesia son el desempeño de la misión de Dios. Es una comunidad de los hijos de Dios que tiene una misión que cumplir. Esta misión está en las palabras de Jesús conocidas como la gran comisión:

> Id, pues, y haced discípulos de todas las naciones, bauti-zándolos en el nombre del Padre y del Hijo y del Espíritu Santo; enseñándoles a guardar todo lo que os he mandado; y he aquí, yo estoy con vosotros todos los días, hasta el fin del mundo.

> Mateo 28:19–20

Estas son palabras de marcha. Le indican a la iglesia que debe hacer dos cosas: (1) hacer discípulos y (2) enseñar. A la tarea de hacer discípulos la llamamos evangelismo; a la de enseñar, edificación. El evangelismo y la edificación van mano a mano. Las dos cosas son necesarias para cumplir con la gran comisión. El plan de Dios está incompleto sin ellas.

El evangelismo es el ministerio de la iglesia al mundo. Es la iglesia confrontando al mundo. Es la iglesia en su tarea de dar testimonio con palabras y con la vida a los que no conocen al Señor. *Id* es el modo imperativo del verbo; es un mandato a tomar acción. Significa que la iglesia debe salir de donde está para ir y evangelizar al mundo. Hacer tal cosa es seguir el ejemplo de Cristo. Cristo no esperó a que el mundo fuera a Él. Su misión fue buscar y encontrar a los que se habían perdido. Las palabras del Señor a Zaqueo, el cobrador de impuestos, fueron: "El Hijo del Hombre ha venido a buscar y a salvar lo que se había perdido" (Lucas 19:10). Cristo vino a cumplir la voluntad de su Padre. Anduvo por todas partes haciendo bien y sanando a todos los que estaban atados por el diablo.

Durante el tiempo de Cristo, la gente tenía muchas religiones y adoraba a muchos dioses. El judaísmo estaba limitado a los judíos. Pero Jesús, el Hijo de David, vino predicando un evangelio universal. Vino invitando a "todo aquel" que quisiera aceptar su evangelio.

El evangelio de Cristo es universal en su naturaleza, y la tarea de la iglesia también es universal. El evangelio va más allá de cualquier frontera racial o nacional. Es para "todo aquel" que cree, cualquiera sea su raza, su nacionalidad o su condición social o económica. Mientras no se tenga la visión de que el evangelio es para todo el mundo, la iglesia no podrá jamás cumplir la comisión de Cristo.

Es muy natural sentir que nuestra primera responsabilidad es hacia los que están más cerca de nosotros: nuestra familia, nuestros vecinos, nuestros amigos, nuestra comunidad. Pero debemos tener una carga por la obra total de Dios.

El pueblo de Dios es un pueblo que tiene una deuda que pagar. Pablo reconoció su deuda u obligación y quería hacer algo sobre el particular. Estaba dispuesto a cubrir o pagar su deuda con la gracia de Dios, llevándoles el mensaje del evangelio a otros.

Cuando Isaías vio al Señor sentado en lo alto y exaltado en su trono, se vio a sí mismo como un hombre de labios impuros. Vio su propia indignidad y grito: "¡Ay de mí! Porque perdido estoy . . ." (Isaías 6:5). Pero el Señor envió entonces una criatura con alas que tocó los labios de Isaías con un carbón encendido del altar, al tiempo que decía: "Es quitada tu iniquidad y perdonado tu pecado" (6:7).

Luego Isaías oyó al Señor decir: "¿A quién enviaré, y quién irá por nosotros?" Inmediatamente Isaías contestó: "Heme aquí; envíame a mí" (Isaías 6:8).

Nosotros también somos indignos de la gracia de Dios. Pero Él nos ha incluido en su plan de redención. Nos ha hecho parte de la misión. Ahora nuestra culpa ha sido quitada y nuestros pecados han sido perdonados, merced al sacrificio de Cristo. Como Isaías, sólo podemos responder a la gran comisión desde un corazón agradecido: "Heme aquí, envíame a mí." La palabra *misión* proviene del latín *mittere* que significa "enviar". Usamos la palabra de dos maneras: (1) para referirnos a la acción del Padre al enviar a su Hijo Jesucristo; y (2) a la acción del Hijo al enviar a sus discípulos. Son enviados para que se cumpla el propósito redentor de Dios para la humanidad. La misión es la actividad de la iglesia en la tierra. El evangelismo es la tarea específica de la misión. El éxito de la misión de la iglesia, sin embargo, depende de su índole y de la dirección divina.

El discipulado: la segunda tarea de la misión

La misión de la iglesia con respecto a sí misma es que los miembros crezcan y se vuelvan maduros espiritualmente. El evangelismo es la misión de la iglesia en el mundo y la edificación o el discipulado es la misión de la iglesia para sí misma. Pablo, el apóstol, describe este proceso en su carta a los Efesios (4:11–16):

> Y Él dio a algunos el ser apóstoles, a otros profetas, a otros evangelistas, a otros pastores y maestros, a fin de capacitar a los santos para la obra del ministerio, para la edificación del cuerpo de Cristo; hasta que todos lleguemos a la unidad de la fe y del conocimiento pleno del Hijo de Dios, a la condición de un hombre maduro, a la medida de la estatura de la plenitud de Cristo; para que ya no seamos niños, sacudidos por las olas y llevados de aquí para allá por todo viento de doctrina, por la astucia de los hombres, por las artimañas engañosas del error; sino que hablando la verdad en amor, crezcamos en todos los aspectos en aquel que es la cabeza, es decir, Cristo, de quien todo el cuerpo (estando bien ajustado y unido por la cohesión que las coyunturas proveen), conforme al funcionamiento adecuado de cada miembro, produce el crecimiento del cuerpo para su propia edificación en amor.

Los elementos principales del proceso de edificar al cuerpo de Cristo son:

1. **La unidad de la fe.** La iglesia debe ser una en su confesión, visión, metas y aspiraciones. Debe ser una en experiencia, en que los miembros comparten sus vidas unos con otros.

2. **El conocimiento pleno del Hijo de Dios.** La iglesia debe tener la certeza de la salvación, fundada en la doctrina correcta de las Escrituras.

3. **La condición de un hombre maduro.** Hombres y mujeres deben manifestar la madurez por medio del discipulado, produciendo el fruto del Espíritu, demostrando amor, guardando los mandamientos de Dios y dando testimonio del Señor.

4. **Cesar de ser niños inmaduros.** La iglesia debe ser capaz de discernir entre las doctrinas y distinguir la verdad del error. Debe desarrollar una cosmovisión bíblica y relevante.

5. **Hablar la verdad en amor.** La iglesia debe comunicar la verdad de Cristo con sus miembros y con los que no son creyentes. Debe hacerle frente al error con amor y no con desprecio.

6. **Estar unidos por la cohesión que las coyunturas proveen.** Cada miembro individualmente debe cultivar los dones del Espíritu, usándolos para la gloria de Dios en el ministerio de unos a otros y hacia los de la comunidad.

7. **El crecimiento del cuerpo.** El crecimiento debe ser en todos los aspectos, para que también produzcan madurez en la calidad y la cantidad del ministerio y la misión de la iglesia.

Equipar a los discípulos

Pablo dice que para el desarrollo de los elementos del discipulado Dios ha dado el liderazgo que necesita su iglesia. La tarea del líder, y específicamente la del pastor de la iglesia, no es la de hacer la tarea o la misión. Más bien, es la tarea de equipar a los seguidores o miembros de la iglesia para que hagan la obra del ministerio. El pastor es el líder principal de la congregación. No es el gerente o el administrador. Es cierto que en congregaciones pequeñas el pastor tiene que hacer todo el trabajo. Pero su primera visión debiera ser el tener un equipo que le ayude realizando las tareas "de las mesas". La tarea principal del líder es equipar a los santos por medio del discipulado y la edificación.

En el ministerio de la iglesia para sí misma, el líder es el promotor principal para que los miembros crezcan y sean maduros espiritualmente. La iglesia es el pueblo de Dios; es una comunidad de creyentes en compañerismo. La idea de comunidad (que se analiza más a fondo el capitulo 10) incluye la idea de compartir, de compañerismo, de demostrar amor e interés. La meta es que cada creyente en la comunidad de la iglesia debe llegar a ser un miembro responsable y productivo. Cuando cada miembro del cuerpo funciona bien, el cuerpo va creciendo y desarrollándose en amor (Efesios 4:16), con el fin de ofrecerle el Reino de Dios a un mundo perdido.

Cristo es la medida para la iglesia. Él es la piedra del ángulo de los miembros. Éstos son las piedras vivientes que están siendo edificadas. El apóstol Pablo escribe:

> . . . sois de la familia de Dios, edificados sobre el fundamento de los apóstoles y profetas, siendo Cristo Jesús mismo la piedra angular, en quien todo el edificio, bien ajustado, va creciendo para ser un templo santo en el Señor, en quien también vosotros sois juntamente edificados para morada de Dios en el Espíritu.

Efesios 2:19–22

El fruto del Espíritu en la iglesia

El Espíritu Santo ha dado su fruto para desarrollar en el creyente un carácter semejante a Cristo, que se necesita a fin de cumplir con la misión de Dios para su iglesia. El deseo del Espíritu es que todos los creyentes lleguen a ser como Cristo ". . . los predestinó a ser hechos conforme a la imagen de su Hijo" (Romanos 8:29). De modo que el interés de Dios en el creyente como individuo redimido, se centra en lo que *es*, más que en lo que *hace*. Lo que hacemos es el resultado de lo que somos: amantes para demostrar amor y misericordiosos para demostrar misericordia. El carácter de Cristo en el creyente es un producto del fruto del Espíritu.

El Espíritu es el que produce en el creyente las características de Cristo. El fruto tiene que ver con el carácter. En su carta a los Gálatas, Pablo escribe una lista del fruto (5:22, 23). Fruto en relación con Dios: amor, gozo y paz. Fruto en relación con los demás: paciencia, benignidad y bondad. Fruto en relación con nosotros mismos: fe, mansedumbre y templanza.

El fruto del Espíritu en el creyente revela el grado de crecimiento y desarrollo en el Señor. El fruto no es para adorno o exhibición, más bien es necesario para equiparnos, para dar testimonio y servicio.

Los dones del Espíritu en la iglesia

El Espíritu da dones espirituales a la iglesia con el propósito de brindarles servicios a los miembros del cuerpo y de desempeñar los ministerios particulares del cuerpo. Pablo menciona en 1 Corintios 12:4–11, los dones que el Espíritu da a la iglesia para que se cumpla la misión de Dios.

Así como la edificación y el evangelismo deben ir mano a mano, el fruto del Espíritu y los dones del Espíritu trabajan juntos. A la iglesia de Corinto no le faltaba "ningún don" (1 Corintios 1:7). Sin embargo, era una iglesia carente de madurez, pues no tenía el carácter de Cristo, que resulta de tener el fruto del Espíritu. Esa es la razón por la que el apóstol Pablo le reveló a esa iglesia en 1 Corintios 13 que el fruto del amor es el más grande de los dones del Espíritu.

Sin el fruto del Espíritu, los dones resultan ineficaces. Ambos son necesarios para un ministerio eficaz y para el cumplimiento de la misión.

El Espíritu Santo da dones a la iglesia a fin de que tenga la capacidad de ministrar al cuerpo y al mundo. Estos dones son dados a la iglesia para su edificación, su purificación, su educación y su disciplina. Cuando todos los dones están operando en la iglesia y en ella hay un espíritu de amor y de unidad, la iglesia es verdaderamente una comunidad redentora.

Los dones, por supuesto, operan de acuerdo con la necesidad que se suscita; no están todos siempre en operación. Más bien están a la disposición de la iglesia, y la iglesia debe discernir su uso.

Aquí no tenemos espacio para explicar cabalmente los dones del Espíritu. Pero basta decir que en el cuerpo de Cristo cada miembro tiene algo que hacer. El líder debe reconocer esto y equipar a cada uno de acuerdo con el don que Dios le ha dado. A algunos se les dan más grandes responsabilidades que a otros, pero cada tarea es importante y necesaria.

El pastor tiene la responsabilidad de dirigir al pueblo de Dios mediante la predicación de la Palabra y de enseñar los principios cristianos, a fin de equipar a los santos; aunque también puede tener y ejercer otros dones de ministerio.

A algunos de los seguidores se les da habilidad administrativa. Otros tienen el ministerio de orar por los enfermos o de estimular a los que están angustiados o de dar sus talentos, su tiempo o su dinero.

Algunos son llamados a ser maestros. Otros tienen el ministerio de la música o el ministerio de visitación. Un don que se menciona en 1 Corintios 12 es el de "ayudas". Un ministerio de ayudar puede pasar inadvertido por muchas personas, pero es un don que todos los miembros del cuerpo pueden tener.

Pablo anima a los creyentes a pedir "los mejores dones" (1 Corintios 12:31). Se hace esto mediante una actitud de servicio, de estar dispuestos a recibir cualquier don que el Espíritu decida darnos, y a usarlos para la gloria de Dios y la unidad de la iglesia.

EL LÍDER Y LA MISIÓN LOCAL DE LA IGLESIA

La misión general de la iglesia de Cristo es la que se acaba de describir. Comprende la evangelización y el discipulado, y para ese fin el Señor da el fruto y los dones del Espíritu. Es el mandato de Dios a la iglesia universal.

Pero existe la misión local, mediante la que cada líder y cada congregación debe hacer visible la misión general de la iglesia. La misión local es la que el líder y la congregación interpretan que sea la voluntad de Dios para aquel grupo, en forma específica de tiempo, de manera y de área.

La visión para realizar esa misión, como se ha dicho, viene de Dios. Dios comparte la misión en la revelación de su Palabra, pero comparte la visión local con el líder porque son amigos. El líder a su vez la comparte con los seguidores o la congregación, porque también son amigos. La visión surge del líder y del líder pasa a los seguidores, y todos se hacen dueños de la visión.

La misión es la que le da a la iglesia, a cada congregación, su identidad especial y el sentido de llamado. La misión le da dirección al pueblo de Dios. Le da significado a toda la labor que hace la iglesia local. Unifica los esfuerzos de los miembros. Da ánimo y da energías hacia una meta común. Todo esto lo da la visión, pero la misión es la que hace real a la visión.

Para que haya integridad, la misión de la iglesia local concuerda con la iglesia universal del Señor. La misión de la iglesia universal está bien clara en las Escrituras: "Id por todo el mundo y predicad . . .", y la iglesia o congregación local asume su lugar para comunicar e interpretar esa visión en su comunidad.

De manera que la misión se basa en creencias bíblicas y valores teológicos. El pastor da claridad a la visión, y la misión de la iglesia da constancia a esa visión.

EL CONTENIDO DE LA MISIÓN

Imágenes y declaraciones bíblicas	Situación de la comunidad y su contexto
Verdades eternas que todavía gobiernan a la iglesia de Cristo:	Necesidades locales a las cuales la iglesia debe responder:
Universales	Locales
Inmutables	Mutables
Eternas	Oportunas
Responsabilidades generales	Oportunidades especiales

La iglesia local interpreta su misión de una manera local. Es decir, designa una zona específica en la cual va a cumplir esa misión. Sería absurdo que una congregación dijera: "Nuestra misión es alcanzar todo el mundo", cuando no tiene los recursos y la voluntad para hacerlo. Mejor es poner la mira en un ámbito específico. Se pone la mira en un área que esté al alcance de la congregación, a un alcance geográfico y práctico. Esto no elimina la posibilidad de cooperar de manera financiera, por ejemplo, con misioneros en todas partes del mundo. Este es un alcance práctico y dentro de la realidad de dicha congregación.

Para que la misión de la congregación esté a su alcance, se debe elaborar una **declaración de misión** (*mission statement*). Esta declaración consiste en uno, dos o tres párrafos (entre más corta mejor) que interpreten la misión específica de la congregación. Una declaración de misión debe ser escrita en una forma clara, sencilla y significativa. Se escribe la visión en términos prácticos y realísticos.

El contenido debe de ser bíblico e incorporar los valores de la iglesia universal. También debe ser integral y contemplar los aspectos verticales y horizontales.

Recuerdo haber predicado en una iglesia con una declaración de misión clara, sencilla y visible. Estaba escrita en un rótulo en la propiedad de la iglesia. Cuando uno entraba al estacionamiento de la propiedad, la vista daba con estas palabras: "Entras ahora para adorar a Dios." Luego todo el que salía de la propiedad veía las palabras escritas al dorso de ese mismo cartel: "Ahora sales para servir a tu comunidad." De una manera clara y visible se ponía el marco de la misión local de esa congregación: adoración y servicio. Estas son las razones para las cuales existe.

La visión es la articulación de la misión en términos de la congregación local. Apunta hacia el futuro de manera realista, práctica, creíble y atractiva. Se forma la imagen de lo que se quiere alcanzar. Se comunica la visión en conceptos y con símbolos tales como lemas, rótulos, etc. Se diseña una estrategia para comunicar y lograr la visión. Se autoriza a los miembros de la congregación para hacerse dueños de la visión y para tomar parte en la realización de esta visión. En otras palabras, debe haber un esfuerzo consciente y concertado de extender ese permiso y ese poder a los miembros del cuerpo.

El líder y la habilitación de sus seguidores

El extenderles autoridad a los miembros de la congregación es darles habilitación o poder decisivo (*empowerment*). Significa que una persona comparte el poder que tiene con otra persona que no tiene poder. Jesús dio poder a sus discípulos (Marcos 6:7) y les dio de su gloria (Juan 17:22). Un líder y una congregación dan autoridad, permiso y poder a los miembros del cuerpo. Los habilitan para cumplir la misión de la iglesia de Cristo.

El ministerio del laico es un don que Dios ha dado a su iglesia. El laico a quien se discipula convenientemente es una bendición y no un estorbo a la misión. Todo líder debe discipular a sus laicos hacia la madurez y habilitarlos para la obra del ministerio.

La habilitación no es solamente delegar una responsabilidad o pasar el trabajo a otro. El líder debe conocer la capacidad y la madurez de la persona a quien habilita. Cuando el seguidor está en disposición, se le habilita y se le permite expresar los dones que el Espíritu Santo ha repartido. El líder debe habilitar a otros para que transformen la intención en realidad y ayuden a mantenerla.

Las cuatro dimensiones de la habilitación son:

1. **Significación:** El que recibe la habilitación recibe un nuevo sentido y significado como persona y como seguidor.

2. **Competencia:** Se recibe un desarrollo y aprendizaje nuevo; se siente el desafío; se recibe un sentido creciente de dominio y de horizontes nuevos que respaldan los objetivos del grupo.

3. **Comunidad:** Comienza a existir un sentido de confianza entre unos y otros hacia una causa común; se siente como parte del cuerpo o de un equipo de trabajo.

4. **Diversión:** En una forma responsable, el trabajo puede ser una fuente de alegría y de gozo.

EL LÍDER COMO LÍDER PRINCIPAL (La razón de hacer)

"Y él los pastoreó según la integridad de su corazón, y los guió con la destreza de sus manos."

Salmo 78:72

Capítulo 10

El líder principal y la iglesia

VINO NUEVO Y ODRES NUEVOS

Una leyenda de los rabinos se cuenta así: Hace muchos años que un príncipe soñó con una comunidad. La comunidad que vio en su sueño era un lugar donde toda persona vivía en armonía. Vivían unos con otros en afinidad, aceptación y lealtad. Cada quien buscaba el bienestar de las otras personas a pesar del costo para sí mismo.

Así que el príncipe llamó a una reunión a todos los líderes de la tierra. Se les extendió una invitación a la fundación de una nueva sociedad. Y como símbolo, a cada uno de los invitados se le pidió traer un cántaro del mejor vino de las viñas de su región. El vino sería vaciado en una gran tinaja y se mezclaría en una vendimia común, señal de una verdadera comunidad.

Uno de los invitados se resistió a tal inclusividad. No favoreció la pérdida de su identidad y la amalgama de una masa común. Se perdería, decía él, su variedad exquisita, el año especial, el color distintivo y el sabor singular de su vino. ¡Imposible! Así que trajo un cántaro lleno de agua y, al momento del rito, lo vació en la tinaja, mientras decía para sí: "Si no puedo mantener mi distinción y mi singularidad, no me uniré a la nueva comunidad."

Al final de la reunión, todos los invitados trajeron sus vasos para servirse del nuevo vino. Al momento del brindis, cada quien bebió . . . agua, ¡solamente agua!

Ninguno de los invitados estuvo dispuesto a pagar el precio de una nueva comunidad.

En el capítulo 8 vimos la tarea personal del líder, o sea, el desarrollo de las dos características que identifican al líder transformativo: la intimidad y la integridad. En este capítulo, el modelo de relación que se ha propuesto trata sobre la identidad y la destreza del líder dentro una comunidad de fe. Esta es la tarea social del líder, de motivar a sus seguidores en la formación de una comunidad. De pensar menos en sus propósitos personales y procurar más los intereses de la iglesia local o su grupo. De cultivar el espíritu de equipo y de confianza. Así que ahora trataremos acerca de dos características sociales: comunidad y destreza.

Habrá que recordar que el liderazgo es básicamente una ciencia social que trata con la destreza en las relaciones humanas. En lo secular la destreza consiste en la motivación psicológica que proviene de una perspectiva naturalista y humanista. Pero sucede como con los productos que uno compra en el mercado, que vienen sin las baterías o pilas: el líder cristiano tiene que proveer esas "baterías", con la ayuda del Espíritu Santo.

El modelo que hemos visto en David manifiesta esta destreza. Cuando David dijo en el Salmo 133: "Mirad cuán bueno y cuán agradable es que los hermanos habiten juntos en armonía", se encontraba en el exilio rodeado de un grupo de "afligidos, endeudados y amargados de espíritu" (1 Samuel 22:2). Sin embargo, David hizo de esa comunidad el fundamento de lo que llegó a ser un reino perdurable.

DAVID DESARROLLA EL SENTIDO DE COMUNIDAD

David era buen músico y produjo armonía

David era pastor, pero también era músico. Saúl dijo: "Buscadme ahora un hombre que toque bien y traédmelo" (1 Samuel 16:17). Y respondió uno de sus ayudantes: "He aquí, he visto a un hijo de Isaí, el de Belén, que sabe tocar, es poderoso y valiente, un hombre de guerra, prudente en su hablar, hombre bien parecido y el Señor está con él" (1 Samuel 16:18). ¿Quién se imagina a David en los pastos verdes o en el palacio de Saúl sin su arpa? ¿Quién se imagina a David, el compositor de salmos, sin el arpa en la mano?

Fomentar la intimidad y la comunidad es hacer música al modo de David. La música sale del corazón antes de salir del instrumento. La armonía resulta cuando todas las partes están en sintonía. La armonía es parte de la naturaleza y del arte que el Creador ha depositado en su creación y en sus criaturas. La armonía significa acuerdo o concierto. Es la unión de las varias partes o melodías.

La tarea inicial del líder es la de combinar o sintetizar las diferentes partes en un todo, así como el director de orquesta une todos los instrumentos y sonidos en una sinfonía. La dirección apropiada que el líder selecciona para el grupo o la iglesia se complica por las muchas dimensiones de visión que puedan requerirse. Pero el recurso más valioso son las personas con quienes trabaja y la relación entre el líder y sus seguidores.

La relación entre el maestro y los miembros de la orquesta la describe muy bien Carlo María Guilini, director de la Orquesta Filarmónica de Los Ángeles:

> Mi intención siempre ha sido llegar a un contacto humano sin ejercer la autoridad. Un músico, después de todo, no es un oficial militar. Lo que importa es el contacto humano. El gran misterio de hacer música requiere amistad verdadera entre quienes trabajan. Cada miembro de la orquesta sabe que él o ella están en mi corazón.

Como dice Guilini, el contacto humano comienza dentro del director o del líder mismo, y luego se extiende hacia afuera, a los miembros, o sea, a los seguidores. Ese enlace es el principio y el resultado de una intimidad que crea comunidad entre el líder y el seguidor. Es ese contacto y ese enlace el que hace posible que en la mente de tanto líder como seguidor, se forme la visión de la sinfonía que se desea producir.

Más aun, el líder debe ser compositor. En otras palabras, todo líder debe ser un maestro, un perito en seleccionar, sintetizar y comunicar una visión del futuro. Tal líder sabe tratar con tres o cuatro alternativas a la vez, sin confundirse, así como no se confunde el director de la orquesta al tener la cantidad y la diversidad de instrumentos y sonidos que tiene que conducir. Dicho líder toma en cuenta cada eventualidad que pudiera pasar. Se ejercita en su mente primero. Y se prepara en cada paso, para que no haya sorpresas o reveses.

David era un arquitecto social que creó consenso

Hubo grandes y variados logros en el liderazgo de David. Pero algo que logró David y que poco se menciona fue ser un arquitecto social productivo. En el desierto, David transformó una pandilla de 400 hombres en un ejército. Transformó grupos en comunidades. A doce tribus independientes las convirtió en una nación. A un pueblo nómada lo hizo un reino.

La comunidad y la unidad que logró establecer con sus seguidores no fue por mera suerte o por algún poder místico. En la vida de David podemos apreciar la solidaridad que trajo al pueblo de Dios. David estableció fundamentos y edificó sobre ellos conjuntamente con los partícipes principales de su gobierno. David nos ofrece un modelo de un liderazgo transformativo.

El modelo de David consiste en tres protagonistas principales: Dios, David como líder y el pueblo. Luego David obró dentro de tres elementos clave: lo espiritual, lo sociopolítico y lo personal. Funcionó en el plano de lo divino, lo teórico y lo práctico. Así que se ve un plan inclusivo e integral. La formación del pueblo de Dios no fue un accidente. Se estableció sobre fundamentos fuertes. A veces fue una relación chocante y desagradable, y otras veces agradable y armoniosa. Pero en todo caso fue una relación y una dinámica real y genuina, que constituyó una comunidad y llegó a ser pueblo de Dios.

LA COMUNIDAD CRISTIANA EN LAS ESCRITURAS

La iglesia del Señor como comunidad cristiana

El descenso del Espíritu Santo en el día de Pentecostés cumplió la promesa del Padre y la promesa del Hijo (Juan 14:18; Hechos 1:4). El Espíritu Santo asumió el señorío divino sobre la iglesia y la dirigió en su misión (Hechos 5:32). Era el Espíritu de vida, que ha creado una comunidad santa, dotándola del fruto del Espíritu (Gálatas 5:22) y de sus dones (1 Corintios 12:4–11) para que lleve a cabo su misión.

La iglesia se define primero como Dios la ve y luego como nosotros la vemos. Es "la iglesia invisible", que se fundamenta en todos aquellos cuyos nombres están escritos en el libro de la vida (Apocalipsis 21:27). Luego es la "iglesia visible", es decir, la familia de creyentes. La iglesia se considera por un lado local y, por otro lado, universal. Así que la iglesia local es sólo una porción de toda la familia universal de Dios. La iglesia es un **organismo** en que cada miembro funciona y se identifica con los otros miembros. Es también una **organización** en que se ejercitan los dones del Espíritu.

Desde sus comienzos la iglesia practicó las ideas comunitarias

Los principios claves para el avance misional de la iglesia han sido prácticos y eficaces. Se trató desde el comienzo con la distribución económica, la diversidad cultural, la disensión moral y el desarrollo espiritual. Son los mismos temas con los cuales tiene que tratar un líder hoy.

En primer lugar, la comunidad del Nuevo Testamento le hizo frente al desafío inmediato, al (1) **facilitar los recursos materiales:** "Por aquellos días, al multiplicarse el número de los discípulos, surgió una queja de parte de los judíos helenistas en contra de los judíos nativos, porque sus viudas eran desatendidas en la distribución diaria de los alimentos" (Hechos 6:1). Los asuntos físicos y económicos eran parte de la crisis en cuanto a comodidad, comunicación y comunidad.

Pero la comunidad recién nacida no perdió su enfoque. Veló por las necesidades materiales y (2) **seleccionó los recursos humanos** (Hechos 6:4–6). El caudal más grande que tiene la comunidad cristiana son los recursos humanos. La iglesia del Nuevo Testamento seleccionó a personas de integridad, de buen testimonio, llenas del Espíritu, o sea, de vitalidad espiritual y de sabiduría u honestidad intelectual.

Finalmente, (3) **cultivó los recursos espirituales** (Hechos 8). Lo significante del "Pentecostés samaritano" no fue tanto el hecho de que descendió el Espíritu Santo, sino la comunidad o las personas sobre quienes descendió. Primero, descendió sobre los samaritanos. Era una comunidad de cultura diferente y sus miembros eran víctimas de prejuicios sociorraciales. Pedro y Juan, quienes se habían mostrado con prejuicios, fueron enviados por Dios para "poner manos" sobre los samaritanos y bendecir lo que el Espíritu estaba haciendo. Segundo, descendió el Espíritu sobre un diácono. Felipe, que era diácono, fue el instrumento para el inicio de este avivamiento que hizo posible el crecimiento de la comunidad cristiana.

Los distintivos de la iglesia hoy

En los tiempos modernos el Credo Niceno confiesa "una santa iglesia católica y apostólica". *Católica* porque es universal y *apostólica* por estar fundada en las enseñanzas de los apóstoles. La Reforma Protestante estableció que la unidad externa consiste en la apostolicidad bíblica y no en la sede papal y en la sucesión apostólica que se reclama.

Los otros distintivos son (1) la predicación de la Palabra de Dios, (2) la celebración de las ordenanzas o sacramentos, (3) el fiel ejercicio de la disciplina eclesiástica y (4) la declaración de fe y de doctrina. En estos puntos radica la distinción de la iglesia de Cristo, a medida que sirve a Dios, a la iglesia misma y al mundo.

EL LÍDER Y EL DESARROLLO DE LA COMUNIDAD

El modelo de relación se arma de los factores necesarios para que ocurra un liderazgo transformativo que resulte en una comunidad. La naturaleza del liderazgo que se desea es aquella que crea confianza en los seguidores a tal grado que forman una comunidad de convicción y carácter. Con este fin, el líder desempeña el papel de "arquitecto social" (término que usan los autores Bennis y Nanus), creando armonía entre él y sus seguidores para el desarrollo de una comunidad.

Consideremos cuatro factores fundamentales:

El líder se gobierna primero a sí mismo

El primer factor de comunidad tiene su principio en la actitud del líder, o sea, la manera en que el líder se ve a sí mismo en relación con otros. La imagen de sí mismo y la visión que el líder trae a su iglesia o grupo juegan un papel importante e inicial. El apóstol Pablo menciona algunos de estos principios en Filipenses 2:1–5. Por lo tanto, en el líder (1) debe existir la misma actitud abnegada que hubo en Cristo; (2) debe prevalecer la compasión y no la competencia; (3) se debe tener un propósito común; (4) debe considerar a otras personas más importantes; y (5) debe procurar el interés de los demás y no sus propios intereses.

La imagen propia del líder procede, como vimos en el capítulo anterior, de su intimidad con Dios y con sus seguidores. Debe reconocer sus cualidades fuertes y débiles y discernir entre las destrezas que percibe tener y las que requiere la visión que desea ver realizada. Sin el manejo del yo, se puede causar más mal que bien. Al igual que los médicos incompetentes, los líderes incompetentes pueden hacer enfermar más a la gente. Bennis y Nanus usan el término "iatrogénicas" para referirse a las enfermedades causadas por los médicos y los hospitales como efectos de intervenciones médicas.[23]

El líder es una persona de equipo y de propósito

El segundo factor es que el liderazgo sucede en términos de comunidad. No se trata de ver al líder como un llanero solitario. Es más bien una persona de equipo y de propósito. El liderazgo transformativo motiva al grupo hacia la más elevada manera posible de vivir, en una comunidad de fe.

La palabra "comunidad" expresa cierta manera de convivencia. El deseo comunitario es un sentimiento de unidad, un deseo de ser aceptado y de tener la experiencia de "sentirse en casa". El libro de Hechos exhibe el sentimiento de comunidad que hubo en la iglesia en sus comienzos:

> Todos los que habían creído estaban juntos y tenían todas las cosas en común; vendían todas sus propiedades y sus bienes, y los compartían con todos, según la necesidad de cada uno. Día tras día continuaban unánimes en el templo y partiendo el pan en los hogares, comían juntos con alegría y sencillez de corazón, alabando a Dios y hallando favor con todo el pueblo.

> Hechos 2:44–47

---

23   Op. cit., página 53.

El líder se relaciona primero con un grupo íntimo

El tercer factor es que el liderazgo principia con la interacción o comunicación entre dos o más miembros de un grupo, pero más tarde se extiende hacia toda una comunidad. David tuvo sus tres valientes (2 Samuel 23:11–17). Jesús también tuvo un pequeño grupo de tres: Pedro, Juan y Santiago, con los cuales compartió su gloria en el monte de Transfiguración y su agonía en el jardín de Getsemaní.

La transformación de grupo a comunidad comienza con la estructura de las situaciones, de las percepciones y de las expectativas de sus miembros. El liderazgo transformativo identifica y clarifica la situación, la percepción y las expectativas. Luego se motiva a los seguidores hacia ciertas metas que representan los valores y motivaciones del grupo. Se motiva hacia la misión global de la comunidad de fe. Todo esto debe representar los deseos, las necesidades, las aspiraciones y las esperanzas, tanto del líder como de los seguidores. Una de las fallas mayores de los líderes es el no conocer y el no satisfacer las expectativas y los anhelos legítimos de sus seguidores.

Una de las necesidades más grandes de los líderes de hoy es que carecen de un círculo íntimo. El liderazgo es una posición muy solitaria y se le aconseja al líder rodearse de tres o cuatro personas con las cuales se pueda sentir en casa y con quienes pueda abrir totalmente su corazón. Todo líder deberá rodearse de dos o tres otros líderes, que sean amigos y socios.

Los miembros de la junta directiva no siempre llenan ese vacío. En primer lugar, la junta directiva la conforman más personas que la cantidad apropiada para sincerarse. Segundo, la junta se relaciona demasiado con el grupo que el líder dirige y se revelan los secretos. Aquí lo que se busca son confidentes.

Estos son los principios de comunidad. Los pasos son tres: comunicación, comunión y comunidad, con ese núcleo pequeño de confidentes. No siempre uno está en necesidad de consejo o de corrección. Algunas veces sólo necesitamos quien escuche nuestras inquietudes.

El líder dirige con su ejemplo

El cuarto factor es que el líder del modelo de relación debe dirigir con su ejemplo. Como en el caso de Jesús, el líder transformativo comienza siendo un ejemplo de lo que representa. Jesús fue un ejemplo tanto para sus discípulos como para nosotros, en su propia identidad (Juan 16:28) y en su integridad (Juan 17:1–2), las que proceden de su íntima relación con el Padre (Juan 16:14, 15) y resultan en su visión global (Juan 17:18–20).

La visión es el catalizador principal del liderazgo transformativo. El líder transformativo transforma a su comunidad cuando (1) comparte la visión y los propósitos con sus seguidores y usa el poder de su propósito colectivo para crear cambios; (2) expande y eleva los intereses y metas de sus seguidores; (3) hace conciencia y afirma los propósitos y la misión del grupo; (4) logra motivar a sus seguidores para procurar los intereses del grupo más que los intereses propios; (5) decide una estrategia para implementar la visión; (6) moviliza a un equipo para aceptar la visión y trabajar hacia ella; y (7) implementa cambios nuevos y permanentes.

EL ESPÍRITU DE COMUNIDAD

Toda comunidad existe con el propósito de llevar a cabo una tarea, establecer relaciones e influenciar en la conducta de sus miembros. Los propósitos de la comunidad de fe son los de Dios y el interés de su Reino.

Los cinco ingredientes de una comunidad eficaz

¿Cómo puede la comunidad de fe ser eficiente y eficaz en su tarea?

1. **Propósito.** Un propósito es una intención o un resultado que se desea. Debe primero existir una razón fundamental para lo que se desea ser o hacer. Se contestan las preguntas qué y por qué. Los propósitos representan los valores fundamentales y los significados compartidos de la comunidad. Para la comunidad de fe los propósitos y fines de su existencia están prescritos en la Biblia. "Los secretos del Señor son para los que le temen, y Él les dará a conocer su pacto" (Salmo 25:14).

2. **Comunión.** La comunión basada en la verdad es el fundamento de la comunidad cristiana. Una comunidad sin comunión será el resultado de los más pudientes del grupo. Pero la comunión de los santos en unión con Dios dará resultados trascendentales a cualquier comunidad (1 Juan 1:3). Cuando existe la comunión, las diferencias entre los miembros se respetan y se les desafía a que sean "imitadores de Cristo". Y también se les comunica a todos el plan y la visión colectiva.

3. **Unión.** La unión es el medio y la unidad es el resultado. La comunión positiva y espiritual trae unión a la comunidad. En la unión está la fuerza de la comunidad. Por medio de la unión y de la participación de cada miembro de la comunidad, se logran los propósitos de Dios y los propósitos de la iglesia local o el grupo. La unión depende de la participación de los miembros individuales de la comunidad.

4. **Unidad.** La unión entre los miembros trae como resultado la unidad del todo. Para la comunidad cristiana existen dos tipos de unidad. Hay la unidad de la fe, que es espiritual y mística por la obra de Cristo. Luego hay la unidad social y eclesiástica, que es la obra humana y la visión que se percibe para el grupo o la comunidad particular. La unión da fuerza, y la unidad es indivisible.

5. **Ambiente.** La dimensión y cobertura espiritual provee las condiciones necesarias para todo lo ya mencionado. La definición de la visión, la comunicación de esa visión y la creatividad para implementar la visión, suceden en comunión y colaboración con el Espíritu de Dios para la creación de una verdadera comunidad de fe. Es lo que inspira confianza y fe en la comunidad.

David pensaba en la dimensión espiritual cuando escribió el Salmo 133:

Mirad cuán bueno y cuán agradable es
que los hermanos habiten juntos en armonía.
Es como el óleo precioso sobre la cabeza,
el cual desciende sobre la barba,
la barba de Aarón,
que desciende hasta el borde de sus vestiduras.
Es como el rocío de Hermón,
que desciende sobre los montes de Sion;
porque allí mandó el Señor la bendición, la vida para
siempre.

Las cinco dimensiones del espíritu de la comunidad

El liderazgo transformativo consiste en infundir el Espíritu de Dios en un espíritu de comunidad, con el fin de realizar la visión en cinco dimensiones:

1. **La dimensión personal.** Ofrece atención personal a los miembros, especialmente a los marginados. Se tratan a todos como individuos iguales; se les aconseja y enseña a los que necesitan crecer; se contribuye a las necesidades emocionales.

2. **La dimensión de inspiración.** Comunica las altas expectativas con símbolos y metáforas. Se expresan en forma sencilla los propósitos importantes y los valores del grupo; se les demuestra entusiasmo; se apela a las necesidades más elevadas del amor, servicio y sacrificio.

3. **La dimensión intelectual.** Estimula el pensamiento y la creatividad. Se anima el uso de la razón en el proceso; se identifican los recursos

necesarios y disponibles; se animan las preguntas de los miembros; se orienta sobre la solución de problemas y conflictos; se prevén los cambios; se mantiene presente la visión global o el cuadro amplio de todo lo que se quiere alcanzar.

4. **La dimensión cultural.** Toma en cuenta las características del grupo. Se desaniman los prejuicios culturales y raciales; se practica el estilo y medio de comunicación más eficaz; se respetan y se trabaja con los distintos niveles económicos; se utiliza el estilo de liderazgo más propio para la situación; se promueve el compañerismo; se considera el nivel de seguridad o inseguridad de cada miembro; se evitan los cambios chocantes.

5. **La dimensión carismática.** Demuestra confianza. Se exhiben el respeto y la confianza; se promueven el optimismo y la fe; se halagan y recompensan los esfuerzos; se expresa gratitud a los miembros; se cultiva el sentimiento de misión; se espera la realización de la visión; se alaba al Señor en todo.[24]

LA MOVILIZACIÓN DE LA COMUNIDAD

Alguien dijo que sólo hay tres tipos de personas en el mundo: aquellas que son inmovibles, aquellas que son movibles y aquellas que hacen mover.

El espíritu del siglo y el compromiso

En el capítulo primero se mencionó que el compromiso del líder y de los seguidores ha cambiado grandemente en las décadas pasadas. Hubo tiempos en que existía un fuerte sentimiento de compromiso en la sociedad y en la iglesia. Pero se ha perdido. Algunas de las preguntas más frecuentes de los líderes son: ¿Cómo motivo a mis miembros y seguidores? ¿Cómo se establece una ética de trabajo? ¿Cómo se motiva a promover cambios?

El Espíritu de Dios y el líder

El liderazgo es influencia. Es la habilidad de influenciar en otros. Un líder puede dirigir a otros si logra inducirlos a seguir su dirección. Un líder no sólo utiliza varios estilos y modelos de liderazgo, sino también reconoce la diferencia entre el liderazgo natural y el liderazgo espiritual.

---

24 Kilpatrick, Joseph W., "An Application of Transformational Leadership and the Multifactor Leadership Questionnaire Among Assemblies of God Church Leaders in the United States and Mexico", página 26.

Oswald Sanders en su libro *Spiritual Leadership* [Liderazgo espiritual], establece una distinción entre las características naturales y las espirituales del liderazgo:[25]

Líder natural:	Líder espiritual:
Confía en sí mismo.	Confía en Dios.
Conoce a los hombres.	Conoce a Dios.
Toma sus propias decisiones.	Busca la voluntad de Dios.
Es ambicioso.	Es abnegado.
Sigue sus propios métodos.	Sigue los métodos de Dios.
Se complace en ordenar a otros.	Se deleita en obedecer a Dios.
Motivado por lo personal.	Motivado por el amor a Dios.
Independiente.	Depende de Dios.

El líder y el poder

El poder es el más necesario de los elementos exigidos para el progreso humano pero, a la vez, del que más se desconfía. Es una cualidad sin la cual los líderes no pueden dirigir. Bertrand Russell dijo alguna vez: "El concepto fundamental de la ciencia social es el poder." Esencialmente el liderazgo es una ciencia social porque trata de las relaciones entre personas. Ahora bien, ¿qué lugar ocupa el poder en el liderazgo cristiano o en la visión del líder?

Históricamente, muchos líderes han controlado en lugar de organizar; han administrado la represión. En vez de a la expresión, son dados a la manipulación. Han desatendido a los seguidores, en vez de hacerlos crecer.

La definición que la sociedad presente da a la palabra *poder* es "dominio" o "fuerza". Estos son los aspectos negativos del poder. El abuso del poder se convierte en fuerza. *Poder* y *potestad* proceden del latín *possum*, compuesto por *pos* y *sum*: "soy potente". Un filósofo llamado Sófocles dijo: ". . . difícil es conocer la mente de cualquier mortal, o su corazón, hasta que sea juzgado por autoridad suprema. El poder muestra al hombre."[26]

David descuidó su vida personal cuando llegó a ser rey y cedió al poder. Aunque su relación con Betsabé fue un pecado sexual, también fue causado por su deseo de poder. Como algunos líderes de hoy, David usó el sexo para sentirse potente cuando le faltaba autoestima. Escogió ser potente. Sus instrucciones a Joab de poner a Urías donde pudiera morir en la batalla, fue

---

25 Página 38.
26 Bennis y Nanus, op. cit., página 200.

su manera de afirmar su poderío. Las consecuencias del abuso de poder por parte de David están gráficamente ilustradas en la Biblia.

El mismo concepto de poder prevalecía en los días de Jesús, y él dijo: "Sabéis que los que son reconocidos como gobernantes de los gentiles se enseñorean de ellos, y que sus grandes ejercen autoridad sobre ellos. Pero entre vosotros no es así, sino que cualquiera de vosotros que desee llegar a ser grande será vuestro servidor" (Marcos 10:42–43).

El poder acerca del cual amonestaba Jesús en esta ocasión es el que se conoce como poder independiente y arbitrario. Existen diferentes tipos o niveles de poder:

1. **El poder independiente,** que es el del líder que mantiene control directo sobre ciertas personas, programas, ideas, etc.

2. **El poder otorgado,** en que una persona cede el poder de tomar decisiones a otra persona.

3. **El poder colectivo,** donde una comunidad, una iglesia o un grupo asigna el poder a una persona. Por ejemplo, una iglesia que da el poder al pastor; una comunidad que otorga el poder a un comité.

Dice el doctor Engstrom: ". . . cuando a un individuo se le da autoridad, está en legítima posición para ejercer control e influencia. A algunas personas este hecho les hace subir el ego y las conduce a la autocracia. Es un peligro y debe pagarse un precio para no ser presa de esta insidiosa tentación."[27]

El líder debe evitar dicha tentación y más bien procurar el uso correcto del poder. El verdadero liderazgo se logra no al reducir a otros al servicio del líder; más bien el líder, como Cristo, se da a sí mismo para servir a los demás. Porque cuando se usa correctamente el poder, se convierte en la energía básica para iniciar y continuar la acción, traduciendo la intención en realidad. Para el cristiano, el liderazgo es un don de Dios (1 Timoteo 3:1) que no constituye un abuso de poder, sino una autoridad y privilegio ministerial.

Para el líder cristiano la palabra "autoridad" quizá sea un término más apropiado que la palabra "poder". Porque el ministerio del líder es de carácter público Jesús dio una investidura a sus discípulos (Marcos 6:7; Juan 20:21). Fueron revestidos de "autoridad". La palabra *autoridad*, así como *autor*, viene del latín *augere*, que significa "aumentar". Dice Samuel Vila: "El autor aumenta el caudal de la vida con las tareas de su trabajo y de su ingenio."[28]

Así que es de Dios, el autor y fundador de la vida, que procede la autoridad, la investidura del líder transformativo. El líder transformativo no

---

27 Op. cit., página 122.
28 Op. cit., página 69.

es el potente; más bien es un caudal de los propósitos y fines que el Señor nos ha facultado y delegado. El líder cristiano comparte el trabajo del Creador y se le ha delegado una responsabilidad; por lo tanto es mayordomo de su obra continua redentora (Efesios 1:9–10; 2:10).

La autoridad del líder para dirigir

En primer lugar, la autoridad del líder para dirigir procede de Dios. La autoridad espiritual procede de: (1) la habilidad de recibir y discernir la verdad de la Palabra de Dios; (2) un ministerio basado en el *ser* antes que en el *hacer*. Esta autoridad se reconoce cuando se refleja en una personalidad piadosa y espiritual. El fruto y los dones del Espíritu en la personalidad del líder también le dan la autoridad de dirigir. Dice el doctor Sanders que "la influencia del líder procede no del poder de su personalidad solamente, sino de una personalidad que irradia y refleja el Espíritu Santo."[29]

En segundo lugar, la autoridad del líder viene del consentimiento que el líder recibe de parte de sus seguidores. Es una autoridad que se gana y no se demanda. La autoridad no se asume, se consigue. Procede de la intimidad y la amistad, en vez de la manipulación o la fuerza. Es la atracción y no la coerción. La esencia del liderazgo es influencia, es halar y no empujar a los seguidores.

El doctor Engstrom en su libro *Un líder no nace, se hace,* menciona cuatro componentes de la autoridad. (1) La autoridad de la competencia. Cuanto más competente sepa la otra persona que es el líder, tanto más tendrá confianza en lo que dice y más probable será que siga las sugerencias y órdenes. (2) La autoridad de la posición. La competencia le da al líder el derecho oficial de decir a alguien: "Hazlo de este u otro modo", y se le respeta, si ocupa la posición. (3) La autoridad de la personalidad. Cuanto más fácil sea que otra persona hable con el líder, lo oiga o trabaje con él o ella, tanto más fácil le será responder a sus deseos. (4) La autoridad del carácter. Aquí se indica la cantidad de credibilidad que tiene el líder para otras personas en cuanto a integridad, confianza, honestidad, lealtad, sinceridad, moralidad personal y ética.[30]

La autoridad legítima del líder es la que los seguidores le conceden basados en su capacidad y en la destreza de llevarlos hacia la visión que se ha propuesto la comunidad. En otras palabras, la autoridad es el resultado de la credibilidad y la confianza en el líder y en la visión que se propone. El

---

29 Ibid.
30 Op. cit., página 136–37.

énfasis aquí es la relación positiva que inspira confianza y hace que las personas respondan favorablemente.

La visión del líder y de la comunidad

El compromiso del seguidor procede en primer lugar de su fidelidad al Señor y a la misión de la iglesia de Cristo. Bennis y Nanus dicen que es el líder quien (1) llama la atención a la visión para cumplir con esa misión; (2) da significado a esta visión mediante una comunicación eficaz; y (3) gana la confianza de la comunidad para seguir la implementación de la visión.

Pero la visión es el principio catalizador. El líder, sobre todo, ha de ser un visionario. Porque es la visión la que (1) provee la confianza en la comunidad; (2) impone respeto en el líder y en la misión; (3) atrae a la comunidad hacia el líder y hacia la misión; (4) trae ánimo; (5) trae inspiración; y (6) transforma propósitos en acción.

Deshagámonos de la administración

La gente no quiere ser manejada, quiere ser dirigida.
¿Quién ha oído hablar de un administrador mundial?
De un líder mundial, sí.
Líder educativo.
Líder político.
Líder religioso.
Líder de exploradores.
Líder de la comunidad.
Líder laboral.
Líder empresarial.
Ellos dirigen, no administran.
La zanahoria siempre le gana al garrote.
Pregúntale a tu caballo.
Puedes conducir tu caballo hacia el agua,
pero no puedes manejarlo para que beba.
Si quieres manejar a alguien,
manéjate tú mismo.
Hazlo bien y estarás listo para dejar de manejar
y empezar a dirigir.[31]

---

31 Publicado en el *Wall Street Journal* por United Technologies Corporation, Hartford, Connecticut 06101.

Capítulo 11

El líder principal y la organización

LAS NOBLES RAÍCES DE UN REY

Se cuenta de un rey que obtuvo su reino, ocupó su nuevo palacio y subió al trono para gobernar sobre la tierra. Se dice que sus primeras órdenes fueron mandar a buscar una pequeña choza que se encontraba en un campo lejano. La modesta choza se instaló en un rincón secreto del palacio del rey.

Cada mañana muy temprano el rey visitaba la choza, se sentaba en el centro con los pies cruzados, y meditaba. Al salir el sol, el rey salía de la choza y se sentaba en su trono para gobernar al pueblo.

Esto hacía el rey cada día y jamás se olvidó de quién era y de dónde procedía. Pues aquella chozita fue su primer hogar de niño. Las visitas del rey a la choza eran visitas a su pasado. Eran su manera de ponerse en contacto con sus raíces. De esta forma supo apreciar su posición presente y ponerse en posición para hacerle frente al futuro.

El presente libro trata sobre la identidad y la integridad del liderazgo cristiano. Para que un líder tenga integridad debe tener identidad, es decir, un sentido de lo que es, de lo que debe hacer y hacia dónde va. Jesús vivió treinta años en el ambiente familiar. Allí aprendió quién era y lo que deseaba en su vida. Sólo así pudo haberse entregado al mundo y a su misión.

UN ORGANIZADOR MODELO

Tres fundamentos básicos

Se mencionó ya que el liderazgo de David consistía en tres elementos básicos que existían en una relación dinámica y viva. El fundamento de la formación espiritual era el primero. David reconocía que la cultura del líder de Dios es espiritual y consideraba primero esta formación. El segundo de estos elementos era el pueblo, o sea, el aspecto social de su responsabilidad. David se destacaba en su manera de crear una comunidad. Y el tercero de los fundamentos era su persona. David mismo, como líder, procuraba gobernarse primero a sí mismo para luego dirigir a otros.

Estos son los elementos básicos que se pueden observar en el liderazgo de David. Son elementos espirituales, sociales y personales. Incluyen lo divino, lo teórico y lo práctico. Es de suma importancia observar en la vida de David a Dios, al líder y al pueblo, obrando en una relación dinámica y viva.

El fundamento humano del gobierno de David

Sobre todo David era una buena persona, y por ello era un buen líder. A través de la historia del personaje existen evidencias de su respeto a los seres humanos como criaturas de Dios. Por ejemplo, hay su sentimiento de igualdad. David respetaba los derechos humanos mucho más allá de las costumbres de su época. Se puede suponer el potencial y el desarrollo de la personalidad dado el tipo de personas que siguieron a David (1 Samuel 22:2). Sin embargo, fueron varios los ejemplos de compasión y de generosidad que David exhibió en medio de una cultura vengativa y cruel. Ciertamente, David no era un rey como los reyes de las otras naciones; fue nada menos que "el varón según el corazón de Dios".

El fundamento teórico del gobierno de David

Nos mostró David un modelo durante su vida de líder. Su gobierno no fue una autocracia como la de los otros reyes de su tiempo. Gobernó con autoridad y no con fuerza o abuso de poder. Tuvo estructura. David siguió las instrucciones para los reyes (Deuteronomio 17:14–17) que Jehová había entregado a Israel para establecer una monarquía constitucional y benévola.

El modelo consistía en tres aspectos: un contrato (es decir, un acuerdo formal), un convenio y un período de gobierno.

El contrato era con tres participantes: Dios, que es el que escoge; el líder, que se compromete a servir y es ungido; y el pueblo, que se une para confirmar la selección y se reúne para mostrar su consentimiento en seguir al líder.

El convenio o la relación entre el líder y el pueblo, es mutua y recíproca. Quiere decir que con el consentimiento de la gente común se escoge al líder para gobernar y voluntariamente el pueblo le cede ciertas libertades.

El término o la duración del reinado, dice Deuteronomio 17:20, depende de que "no se eleve su corazón sobre sus hermanos y no se desvíe del mandamiento [de Jehová] ni a la derecha ni a la izquierda, a fin de que prolongue sus días en su reino . . ." Sólo a David y a su casa se les dio un reino para siempre (2 Samuel 7:16).

El fundamento político del gobierno de David

La Biblia claramente presenta que el gobierno de David, así como el reinado de Saúl, era una monarquía. Fue Dios quien escogió a David como rey y fue Samuel, el profeta, que lo ungió como rey. Pero aun así David esperó el consentimiento de los ancianos del pueblo para ascender al trono (2 Samuel 5:1–5; 1 Crónicas 11:3). "Vinieron, pues, todos los ancianos de Israel al rey en Hebrón, y el rey David hizo un pacto con ellos en Hebrón delante del Señor; luego ungieron a David como rey sobre Israel" (v. 3). "David reinó sobre todo Israel, y administraba justicia y derecho a todo su pueblo" (1 Crónicas 18:14). Algunos verán en el gobierno de David un principio gubernamental y administrativo que existe hoy día. En el gobierno eclesiástico se conoce como el *gobierno congregacional* o *democrático*. Son los miembros de la congregación los que eligen por mayoría de voto a su pastor. Asimismo hay organizaciones o agencias en las que son los miembros los que escogen a su líder. Muchos de los problemas del liderazgo cristiano de hoy radican en la selección del líder por los miembros, olvidando que es por la voluntad de Dios que los líderes llegan a su posición, y que Él es quien les da los logros.

En relación con la política del gobierno de Israel bajo David, hubo grandes logros. Aquí sólo mencionaremos algunos. David logró hacer:

✦ De distintos grupos indígenas, una comunidad.

✦ De un pueblo migratorio, una ciudadanía en un reino.

✦ De doce tribus independientes, una nación hebrea.

En relación con la administración del reino:

✦ El derecho y la justicia como base de la administración.

✦ El consentimiento del pueblo en la selección de su líder.

✦ El líder se identifica con el pueblo que dirige.

✦ El método de convenios y contratos para definir las relaciones.

✦ El sistema de unidades de trabajo para medir la tarea (1 Crónicas 11; 18:14–17).

✦ El uso de un nuevo modelo de relación entre el jefe y el súbdito.

". . . Y los guío con la destreza de su mano" (Salmo 78:72)

La vida y el gobierno de David nos dan luz en cuanto al potencial del pueblo. Abraham recibió la promesa de una tierra para sus descendientes. Moisés desde un monte logró tener la visión de la tierra para la nación, que se extendía desde el Sinaí hasta el Éufrates y desde el mar Rojo hasta el Mediterráneo. Pero fue bajo el liderazgo de David que Israel alcanzó el completo desarrollo del potencial y de la unidad del pueblo de Dios.

LA IGLESIA COMO ORGANISMO

El líder y el administrador

Las acciones y funciones normales de la administración son (1) la planificación, (2) la supervisión, (3) el control y (4) la delegación. Sobre estas divisiones se ha escrito mucho. En esta sección sólo hacemos mención de los enfoques que dan vitalidad a estas funciones, a saber, (1) la visión, (2) la dirección, (3) la organización, (4) la motivación, los cuales son los enfoques que distinguen a un líder de un administrador o gerente.

El liderazgo es lo que le da a una organización su visión y su capacidad para traducir esa visión en realidad. Sin esta traducción (una traducción entre líderes y seguidores) no hay claridad ni constancia organizativa. Más bien se desemboca en las siguientes tendencias problemáticas: (1) el exceso de administración, (2) la falta de dirección y (3) la confusión entre la administración y el liderazgo.

Ya se dijo que la necesidad del día no es la de un gerente o administrador, sino de un líder. Conviene recordar las diferencias entre un administrador y un líder.

Un administrador:	Un líder:
Desea saber cómo.	Desea saber por qué.
Resuelve problemas.	Prevé los problemas.
Soluciona el problema.	Halla el problema.
Depende de contratos.	Depende de convenios.
Consiente.	Habilita.
Cultura de obligaciones.	Cultura de orgullo.
Piensa en plazos cortos.	Piensa en plazos largos.
Piensa en sí mismo.	Piensa en la comunidad.
Piensa localmente.	Piensa globalmente.

Piensa en su horizonte.	Piensa en otros horizontes.
Piensa en lo tangible.	Piensa en visión y valores.
Piensa en conservar.	Piensa en renovar.
Tiende hacia resultados.	Tiende hacia metas.
Tiende hacia el orden.	Tolera la ambigüedad.
Tiende a corregir fracasos.	Convierte fracasos en éxitos.
Tiende hacia sistemas.	Inspira a las personas.
Tiende a adaptarse.	Produce cambios.

Tanto el gerente como el líder contribuyen a la organización. Cada uno es necesario y valioso. Si el líder no maneja bien al pueblo y a la organización, su visión será sólo "un castillo en el aire". Al contrario, si el gerente implementa los planes y acciones, pero no hay visión, habrá mucho trabajo y sudor, pero no habrá dirección y será como dar golpes al viento.

El líder y la imagen de sí mismo

Se ha mencionado repetidas veces que el líder debe gobernarse a sí mismo para poder dirigir a otros. El líder debe tener (1) conocimiento de sus propios puntos fuertes, (2) capacidad para nutrir y desarrollar esas cualidades, y (3) capacidad para hacer el ajuste entre los puntos fuertes o débiles propios, las necesidades de sus seguidores y las necesidades de su organización. Estos son los tres componentes de una imagen positiva de sí mismo.

La imagen de sí mismo está relacionada con la madurez. Bennis y Nanus usan la frase "sabiduría emocional"[32], que da al líder cinco destrezas clave para dirigir a sus seguidores: (1) la capacidad de aceptar a las personas como son, no como desea que sean; (2) la capacidad de enfocar las relaciones y los problemas en función del presente, no del pasado; (3) la capacidad de tratar a las personas allegadas con la misma cortesía con que trata a los extraños; (4) la capacidad de confiar en otros aun si el riesgo parece demasiado alto; y (5) la capacidad de obrar sin recibir aprobación y reconocimiento constante de otras personas.

Estas son las cualidades de un líder que es emocionalmente sabio. Y una vez que "su casa está en orden", el líder trabaja con la iglesia u organización en una posición o postura positiva para realizar la visión.

---

32   Op. cit., página 61.

El líder y el posicionamiento

Una de la tareas que demandan la destreza del líder es la de poner a la comunidad y a la organización en la debida posición para realizar la visión. Es una de la tareas más complejas del liderazgo, pero es algo indispensable. ¿Por qué es tan difícil? Porque se demanda el discernimiento no sólo del ambiente interno de la organización, sino también del ambiente externo, del cual no se tiene control.

Una iglesia que desea evangelizar un vecindario es un buen ejemplo. No sólo tiene el líder que considerar los recursos (tangibles y no tangibles) con que cuenta la iglesia para llevar adelante dicho ministerio, sino también tiene que conocer el tipo de gente que va a encontrar en el vecindario. Hay que hacer concordar la visión, los planes y los recursos con las necesidades, la personalidad y la disposición del vecindario. En otras palabras, ¿está en posición la iglesia para ir a dicho vecindario? ¿Deberá evangelizar otro vecindario? ¿Está en posición este vecindario de recibir el ministerio de esta iglesia? ¿Otra iglesia llevaría a cabo un mejor trabajo? Estas son preguntas de posicionamiento. Son preguntas sobre "el nicho". La iglesia halla su nicho cuando se encuentra en una buena posición, ya sea por el lugar, el ambiente o las personas apropiadas.

Dicen Bennis y Nanus: "La visión y la posición tienen entre sí la misma relación que tienen el pensamiento y la acción, o la idea y su representación."[33] Si la visión es la idea, entonces el posicionamiento es el nicho que establece el líder. Ellos llaman a esta estrategia "el posicionamiento organizativo". Así como decimos que el líder debe ponerse en el camino de la gracia de Dios, así la organización debe ponerse en posición de la visión que se espera realizar.

El posicionamiento es el conjunto de acciones necesarias para llevar a la práctica la visión del líder. Se refiere "al proceso mediante el cual una organización diseña, establece y sustenta un nicho viable en su ambiente."[34] Al ponerse en una buena posición, la organización congenia con la cultura interna y externa. Encuentra un lugar y un método convenientes.

Para alcanzar el nicho, o sea, "los campos blancos y listos para la siega", el líder primero debe ser la representación y la **personificación** de la visión. La visión y el líder han de ser "de una sola pieza". La visión la usa como un traje. Se espera que el líder sea "un especialista" en su campo de operación. Segundo, se requiere la **claridad** de la visión por parte del líder. En tercer

---

33   Op. cit., página 105.
34   Ibid.

lugar, se necesita la **constancia** en las acciones del líder. Se establece entonces la posición. Y más importante, continúa en la carrera hasta terminarla. Esta es también la manera en que el líder establece la confianza. Muchos líderes creen en un momento determinado que sus miembros rechazaron su idea, pero lo que se rechazó fue la inconstancia del líder.

La confianza es el ingrediente básico de todas las organizaciones. Es el lubricante que mantiene a la organización. Pero también es misteriosa y elusiva, puesto que se trabaja con un ambiente y un personal cambiantes.

El líder y los lazos del grupo

En el capítulo sobre la comunidad se hizo mención de la arquitectura social de la organización. También la arquitectura social es una parte importante del posicionamiento de la organización.

La arquitectura social es lo más tangible del ambiente con que se trabaja. Es el verdadero organismo de la organización. Es, como alguien dijo, una telaraña del significado. Gobierna la manera de actuar de la gente. Abarca los valores y las normas que sutilmente se transmiten a los grupos y a los individuos. Es la que inicia la construcción de los lazos y los enlaces dentro y fuera de la organización. La arquitectura social es la que impacta el ambiente interno y externo de la organización.

Véase otra vez la iglesia que nació el Día de Pentecostés. Pero esta vez no se repare en la parte externa de esta comunidad unida. Véase ahora como en una radiografía la unión corporal o arquitectura social y espiritual que esta iglesia tenía. Recuerde que la unión es la dinámica interna de lo que externamente representa la unidad. Si la unidad es el cuerpo del grupo, la unión es el alma.

> Todos los que habían creído estaban juntos y tenían todas las cosas en común; vendían todas sus propiedades y sus bienes, y los compartían con todos, según la necesidad de cada uno. Día tras día continuaban unánimes en el templo y partiendo el pan en los hogares, comían juntos con alegría y sencillez de corazón, alabando a Dios y hallando favor con todo el pueblo.
>
> Hechos 2:44–47

El líder y las cuatro funciones principales

La manera de ser o el *modus operandi* de cualquier institución u organización tiene tres partes: (1) metas y estrategias, (2) organización, y

(3) ejecución. Estas partes están bajo la cobertura del liderazgo. El líder principal es la persona que debe asegurar que estas funciones se lleven a cabo.

Otra manera de considerar estas funciones es como sigue:

1. **La visión y la meta preceden a los planes.** Toda visión depende de buenos planes, pero cuando se pierde la visión los planes no pueden ser eficaces. Los planes que se hacen sin tener una visión clara, son esfuerzos fútiles y desanimados. Pero cuando hay una visión clara de lo que se desea, tanto los que deciden en los planes como los que trabajan en los planes son más acertados.

2. **La dirección precede a la supervisión.** El problema es que se ha perdido lo "super" de la visión. Cuando la visión se pierde, lo que queda es el trabajo a la mano. El supervisor o la supervisora se convierte en un centinela. Ven sólo lo que está a la mano. El que tiene el trabajo en las manos no tiene más ojos que los del "centinela" que le observa. El seguidor siente sospechas de parte de los líderes. La dirección y la motivación, o sea, el porqué del proyecto y de los planes en los que se está trabajando, deben siempre estar presentes y constantemente ser comunicados.

3. **La organización provee el control.** Al elaborar los planes se trabaja con las ideas y los conceptos. La supervisión requiere tratar con el personal y con estructuras organizativas. El control funciona cuando el personal conoce la dirección clara de lo que se procura alcanzar. La tarea será más eficaz y los resultados mejores cuando hay una mejor organización de los esfuerzos.

4. **La motivación debe existir antes de la delegación.** Una de la tareas más difíciles del líder es dirigir a los seguidores hacia la acción. El Señor ha rodeado al líder de seguidores para ayudarlo en su ministerio. Pero el líder debe no sólo enviarlos y delegarles responsabilidades, sino también debe motivarlos. La motivación depende de la actitud del líder y de los seguidores. Es la motivación y no la manipulación la que hace que los seguidores se movilicen hacia la visión que se les ha compartido. La motivación proviene de la confianza: confianza en el líder, en la visión y en los seguidores mismos. La confianza es el pegamento o el aglutinante emocional que une a los líderes y los seguidores. La confianza lleva al compromiso y el compromiso a la habilitación de los seguidores para cumplir con la misión.

El líder principal y el cambio de la sociedad

Otra vez volvamos a la iglesia reseñada en el libro de Hechos, donde se presenta el cuadro de una iglesia en acción. Se demuestra la obra del Espíritu Santo afirmando los valiosos principios y la destreza organizativa del liderazgo apostólico. Ellos le hicieron frente a los mismos desafíos que tienen los líderes en el día de hoy: (1) la resistencia al cambio de parte de algunos en la comunidad; (2) la creación de una nueva comunidad basada en intereses comunes, circunstancias compartidas y confianza mutua; (3) el conjunto de principios éticos o normas que rigen el comportamiento de las personas de la iglesia o de la organización; y (4) el cambio en el ambiente interno de los creyentes (Hechos 5:12) y en el ambiente externo, a medida que "el pueblo los tenía en gran estima" (Hechos 5:13).

En todo caso, la comunidad cristiana debe hacer el cambio que se desea ver en la sociedad. Este es el mandato del Señor cuando pide que la iglesia sea "la sal de la tierra" y "la luz del mundo". El cambio que aquí se pide es un cambio personal en los miembros y es también un cambio corporal.

El líder, como un agente de cambio social o de su ambiente externo, debe dar dirección a la iglesia u organización: (1) haciendo un análisis de la situación social; (2) definiendo el desafío o asunto específicamente; (3) haciendo inventario de los recursos de la comunidad; y (4) desarrollando una estrategia atinada para asegurar el cambio que se desea.

Hoy el liderazgo se complica más porque la conducta de la gente sigue cambiando. El cambio es uno de los factores más notables en el proceso del liderazgo. Los cambios suceden con más frecuencia y con más rapidez en la sociedad. El cambio de la actitud en las personas hacia el liderazgo es uno de los desafíos más grandes para el líder presente y futuro.

Sin embargo, las palabras del apóstol Pablo plantean el desafío, diciendo: "No os adaptéis a este mundo, sino transformaos mediante la renovación de vuestra mente, para que verifiquéis cuál es la voluntad de Dios: lo que es bueno, aceptable, y perfecto" (Romanos 12:2). La iglesia del Señor se ha comprometido a ello; por lo tanto, de cumplirlo, debe tener integridad.

LA IGLESIA COMO ORGANIZACIÓN

Los cuatro conceptos de la organización

Para que una organización tenga integridad debe tener identidad. Es decir, la organización debe tener un sentido de lo que es y de lo que debe ser. Es así como hemos dicho en el caso de una persona. Todo individuo es una suma de varios *yoes*: el yo privado y el yo público, el yo que soy y el yo que desearía ser. Si esas unidades no están bien identificadas, no se puede mantener una comunicación clara. Es un problema de integración personal. El mismo problema sucede corporalmente con una organización.

Bennis y Nanus dicen que cada organización incorpora cuatro conceptos. Existe una (1) organización **manifiesta**, que es la que se ve en el "diagrama organizativo". Luego existe la (2) organización **supuesta**. Esta es la organización que las personas perciben que existe. Además hay una (3) organización **existente**, la cual es el concepto de una organización después de un estudio y análisis formal. Finalmente, tenemos la (4) organización **requerida**, que es aquella que estaría de acuerdo con la realidad de la situación o con el contexto en que existe.

La integridad de una organización o de una iglesia depende de la unidad de estos conceptos y del sentido real y correcto de su identidad. La iglesia no existe en aislamiento. La iglesia está en el mundo aun cuando no es del mundo (Juan 17:15, 16).

Los elementos básicos de una organización

Veremos los elementos que se estudian para identificar los diferentes conceptos de la organización. En un capítulo anterior se mencionaron los distintivos de la iglesia como una comunidad de fe. Los elementos que ahora aquí se mencionan sólo tienen que ver con el aspecto estructural y organizativo de la iglesia.

La peculiaridad y la integridad de la iglesia como organización consiste en seis características principales: (1) sus orígenes, (2) su principio básico de operación o ministerio, (3) la naturaleza de su trabajo, (4) la administración de la información, (5) la toma de decisiones y el poder, y (6) su influencia y su papel en la sociedad.

Los primeros tres elementos se pueden encontrar en la Palabra de Dios. Estos elementos son los que distinguen a la iglesia de cualquier otra institución humana. Son los elementos que a veces se le olvidan a la junta directiva de una iglesia, cuyos miembros operan en talleres y organizaciones seculares. Muchas decisiones y acciones se llevan a cabo sin distinguir el origen, la naturaleza y los principios de la iglesia de Cristo.

En los últimos tres elementos, sin embargo, puede haber una variación de maneras y formas de ministerio. Mientras no se desvíe de las Escrituras y se tenga en mente la naturaleza de la iglesia de Cristo, una organización tiene la libertad de proveer de dirección a sus ministerios.

Hay un elemento que se pasa por alto frecuentemente. La incapacidad para resolver las expectativas de sus miembros es la causa de una crisis crónica en el gobierno y la organización de la iglesia. Hay que agradar a Dios primero, pero no se debe subestimar a los miembros del cuerpo de Cristo. Los miembros de una iglesia deben ser parte de la visión del líder. La visión del líder formada en aislamiento no capta la motivación de los seguidores. El líder que goza de una intimidad con sus seguidores refleja el corazón y la imaginación de sus seguidores. El amigo sabe lo que hace su Señor.

Estilos de liderazgo

Existen muchos estilos de liderazgo y mucho se ha escrito sobre ellos. El líder principal debe hacer uso de más de un estilo de liderazgo. El apóstol Pablo usó varios estilos de liderazgo durante su ministerio. Usó estilos directivos y estilos no directivos, de acuerdo con la situación que afrontaba y con su propia personalidad y propósitos.

Son dos los estilos más visibles y comunes que se observan en nuestros tiempos. En realidad son dos extremos. El primero es **el estilo personalista**. El estilo personalista es una especie de anarquía legitimada. Prevalece la informalidad sobre las decisiones y se dirige con una mezcla de políticas corporativas informales. El *locus* de la toma de decisiones está en cada individuo. Cada individuo accede a las decisiones verbalmente o con sus acciones. Una manera evidente del voto positivo del individuo se muestra en su comunicación y en sus acciones positivas. Y por el contrario, el voto negativo se deja ver por la falta de participación. En la mayoría de los casos, este es el estilo de los pastores.

Una variante de este estilo se da cuando las personalidades más fuertes son las que prevalecen. Pero es con el permiso (consciente o inconsciente) de los demás que se aceptan las personas fuertes. El permiso se concede generalmente de manera informal, mientras que hay un sentimiento de que el líder también acepta a estas personas. Cuando los conflictos suceden, no se sabe si es por un choque de ideas o de personalidades.

El segundo estilo de liderazgo que se observa es **el estilo formalista**. Este estilo se deriva de reglas y políticas explícitas y en que la desviación de las normas es cuestionable en el mejor de los casos y herética en el peor. Se procura una estructura formal que pone énfasis en reglas claras y explícitas. Existe una división clara del trabajo y de las responsabilidades. Se forman comités. El *locus* de la organización está en el control central. Bien puede ser el líder o los reglamentos lo que rige a la organización.

Los que hemos observado estos dos extremos en los estilos de liderazgo, podríamos compilar una larga lista de ventajas y desventajas. Pero el consenso es que debe haber un estilo que evite ambos extremos. Por eso se sugiere la consideración de un estilo más congenial y quizá más bíblico.

El estilo de liderazgo de un amigo y líder principal

Jesús dijo a sus discípulos: "Vosotros sois mis amigos si hacéis lo que yo os mando. Ya no os llamo siervos, porque el siervo no sabe lo que hace su señor; pero os he llamado amigos, porque os he dado a conocer todo lo que he oído de mi Padre" (Juan 15:14–15).

Ya se dijo que este es un modelo de relación. La base consiste en la intimidad y la revelación. Existen comunión y comunicación debido a la encarnación del Hijo de Dios. Jesús, en un momento de acercamiento, se comunica verbalmente con sus discípulos. Inspira confianza en sus discípulos al darles a conocer que el *locus* o la sede de operación, no procede de un poder arbitrario, sino que está en una autoridad superior: la del Padre.

El énfasis dominante se pone en el reconocimiento de iguales. Este es el producto y el resultado de la encarnación: "haciéndose semejante a los hombres" (Filipenses 2:7). No obstante, no se pierde de vista la mirada elevada de que "Dios también le exaltó hasta lo sumo" (v. 9). Esta tensión entre la igualdad y la exaltación controla la relación de la iglesia con Jesús. La revelación de Jesús como el hijo del hombre y el Cristo, el Hijo de Dios, constituye el mensaje principal de la iglesia a la raza humana.

¿Podrá existir la misma "actitud" en la iglesia que hubo en Cristo Jesús? Pablo así lo ordena en Filipenses 2:5. Se presupone la posibilidad de que existan en la mente y el corazón del creyente dos dimensiones simultáneas: la humillación y la exaltación.

Una manera práctica puede ser el estilo de liderazgo del líder cristiano. El modelo del amigo del pueblo y líder principal que se ha propuesto en este libro, se demuestra en un estilo de liderazgo de amistad y, en general, de relaciones. Las características se basan en el modelo de amigos que Jesús compartió con sus discípulos. El énfasis dominante se pone en el reconocimiento de iguales.

El poder, la influencia y las relaciones sociales se basan en el reconocimiento de iguales y no en la posición jerárquica. El estilo de toma de decisiones es participativo y estimula un flujo de ideas de "abajo hacia arriba", cuya intención es generar el consenso sobre todos los temas que se están considerando. El resultado que se busca es que todos estén unánimes, así como la iglesia referida en Hechos, cumpliendo los propósitos de Dios.

El énfasis se pone en las habilidades interpersonales de cada persona y en los dones que el Espíritu Santo ha dado. En esto difiere del estilo democrático congregacional, donde el énfasis está en el proceso y no en las personas. Aquí lo que se procura es tener el mismo sentir y la misma actitud que hubo en Jesús para llegar a la unidad del Espíritu.

No significa que todos hayan de tener la misma opinión, idea o estrategia. No quiere decir que todos los miembros participantes tengan que expresar su parecer. Para tal fin Dios ha dado líderes, para coordinar los esfuerzos y traer orden y dirección a la iglesia y a la organización.

El apóstol Pablo escribía a los Efesios (capítulo 4) sobre la dimensión, lo alto y lo bajo, de la medida del don de Cristo. El don de Cristo era el entender la humillación y la exaltación de su vida: "Ascendió, ¿qué significa, sino que Él también había descendido a las profundidades de la tierra? El que descendió es también el mismo que ascendió mucho más arriba de todos los cielos, para poder llenarlo todo" (Efesios 4:9, 10).

Amigo y líder principal es un concepto elevado del líder. Es una posición que ocupan aquellos que tienen el sentir y la actitud de Cristo. Es una persona que conoce las dimensiones, lo alto y lo bajo, del escogido de Dios.

Sabe que si se ensalza será humillado, pero que si se humilla, será ensalzado. El desorden existe cuando el líder se presenta como jefe y los seguidores lo ven como siervo. El orden bíblico es que el líder se presente como amigo del pueblo y los seguidores lo acepten como líder de integridad y destreza.

El amigo y líder principal ejerce un liderazgo atractivo. Como Jesús, quien dijo: ". . . si soy levantado de la tierra, atraeré a todos a mí mismo" (Juan 12:32), el líder atrae a sus seguidores. Lo esencial en el liderazgo organizativo es que el estilo del líder hale, no empuje a la gente. En un estilo de halar, la influencia funciona atrayendo y dándole energía a la gente hacia una visión emocionante del futuro. Motiva por medio de la identificación y no por medio de las recompensas y los castigos.

El amigo y líder principal comunica y encarna los ideales hacia los cuales se orienta la organización. Se inscribe (e inscribe a otros) en la visión de que ese ideal es alcanzable y vale la pena. El dirigir es una responsabilidad y la eficacia de esta responsabilidad se refleja en la actitud de siervo hacia los dirigidos.

El amigo y líder principal dirige con integridad y destreza, atrayendo la intimidad y el compromiso de sus seguidores. La integridad del líder radica en vivir haciendo lo que Dios dice que haga y que él o ella se ha comprometido a hacer. Dirigir con destreza es llevar a los seguidores en comunión y organización hacia el cumplimiento de los planes y propósitos de Dios para con su iglesia.

SECCIÓN IV

EL LÍDER COMO PEREGRINO

"... en fe ... confesando que eran
extranjeros y peregrinos sobre la tierra."

Hebreos 11:13

Capítulo 12

El liderazgo del futuro

UNA MIRADA HACIA EL FUTURO

Hemos considerado el pasado y el presente. Hemos visto los desafíos que están por delante del líder cristiano. No obstante, creo que nos espera una época de héroes y heroínas. Aun cuando el contexto presente no sea muy favorable y la historia sea negativa, el nuevo siglo será un tiempo para que hombres y mujeres de Dios sean héroes y heroínas en la fe, en carácter y en poder espiritual. Por esta razón dejó el Espíritu Santo abierta la lista en el capítulo 11 de Hebreos: ". . . porque Dios había provisto algo mejor para nosotros, a fin de que ellos [los mencionados en todo este capítulo] no fueran hechos perfectos sin nosotros" (Hebreos 11:40). Se necesitan, en otras palabras, líderes cristianos y espirituales para completar la historia y lanzarse a lo que queda por delante.

Dios está haciendo cosas nuevas. Habrá que buscar nuevos odres para el vino nuevo. Se debe buscar nuevos paradigmas, porque la escena está cambiando y la historia cambiará.

Históricamente se reconoce el siglo XVIII por la libertad política que trajo al mundo. Los logros sobresalientes del siglo XIX fueron los que tuvieron que ver con la libertad social. Aunque todavía existe mucha pobreza en el mundo, el siglo XX será recordado en la historia por la libertad económica. No existen guerras de gran magnitud, la tecnología avanza y las oportunidades aumentan más cada día. Es la mejor situación económica que se ha visto por décadas.

Cabe preguntar: ¿Cuál será la libertad del siglo XXI? ¿La libertad espiritual? Probablemente sí. Ya se está viendo un avivamiento y un resurgimiento espiritual por todas partes. Avivamientos tales como los que hubo a fines del siglo pasado y antepasado, los vemos hoy. Semejantes condiciones existen en el día de hoy, que señalan un despertamiento esta vez espiritual.

Se va a requerir el discernimiento espiritual del líder cristiano. Habrá que definir más acertadamente lo que se entiende por espiritualidad. La

Nueva Era, el espiritismo y otras comunidades han formulado sus definiciones de la espiritualidad. No sabemos qué definición le dará la sociedad a medida que este fenómeno se haga más popular.

La comunidad cristiana presupone que el ser humano ha sido creado para estar en comunión con su Creador. La dimensión espiritual es el núcleo de su naturaleza, y esta naturaleza parece decirnos no sólo que Dios está para hacer algo grande en los días venideros, sino que un clímax escatológico está por acontecer. En la iglesia y en la sociedad esa naturaleza espiritual debe ser fomentada. El propósito de este libro es animar al liderazgo cristiano a fomentar una espiritualidad integral y auténtica.

Platón, el filósofo de la antigüedad, decía que el arte de vivir es excelente sólo cuando se prepara toda la profundidad y las dimensiones del ser. Así que hay que preparar al líder del futuro. Primero debe saber lo que Dios quiere hacer en él o ella. Luego debe saber cómo comunicar su llamado. Debe ponerse en el lugar y en la manera que el Señor lo quiere usar, y persuadir a otros a seguirlo.

UN LIDERAZGO ESPIRITUAL PARA EL SIGLO XXI

El liderazgo cristiano es una tarea espiritual, llevada a cabo por una persona en cuya vida está el fervor de la presencia del Señor, cuyo llamamiento para la iglesia y para el mundo refleja el tenor bíblico y representa la realidad de su contexto, y cuyas acciones dirigidas por el Espíritu Santo, persuaden al grupo de que Dios le ha encargado para que juntos cumplan los propósitos de Dios.

El líder del futuro será aquel líder que no olvida quién lo llamó a servir y para qué fue llamado. Mantiene encendida la llama (claridad) y el calor (fervor) de ese llamamiento divino en su corazón y en su vida.

Con este fin, el líder modelo (clero y laico, dama o caballero) que en este libro se presenta, se distingue en varios aspectos. Se diferencia por la síntesis de los elementos que definen al líder, su liderazgo y su ministerio.

¿Quién será el líder eficiente y eficaz del futuro?

1. Será un líder de integridad, con una profunda humanidad y una profunda espiritualidad.

2. Será un líder de intimidad y derecho, que obrará con equidad y justicia; será providente y dirigirá con honor.

3. Será el líder que sabrá usar los recursos espirituales y técnicos, así como ganar el compromiso de los recursos humanos.

4. Será el líder que se concentre en el carácter de su persona y en el de otras personas en posiciones de liderazgo, sin descuidar la organización y el proceso.

5. Será el líder con la destreza de organizar y habilitar a las personas que dirige hacia la misión específica de Dios para ese grupo.

6. Será el líder que rendirá un servicio personal y abnegado, más allá de simples actos profesionales.

7. Será aquel que esté bien relacionado: con Dios, con el ministerio, con el mundo. Sabrá vivir en relación, interdependiente y flexible, y no un llanero solitario.

8. Será aquel que sepa vivir con los cambios de la vida, con las ambigüedades y complejidades que ella trae.

9. Será aquel cuyas actividades incluyan redes ministeriales, alianzas profesionales, grupos de respaldo y organizaciones comunitarias, pero no aisladas de la comunidad cristiana.

10. Finalmente, será el líder que, como Cristo, esté dispuesto a dar su vida por otros y a hacer de sus debilidades una fuente de creatividad. Sólo así tendremos líderes con las energías suficientes para tratar con la intensidad y la rapidez de los cambios y complejidades de la sociedad futura.

UNA PASTORAL DEL ABRAZO

¿Qué significa el abrazo? Un abrazo es una metáfora que se usa para la intimidad humana. Es una invitación de uno al otro. Representa el hacer espacio dentro de uno para el otro. Es lo que uno hace con el otro. Es un acto que borra la distancia entre el uno y el otro (al menos físicamente). Hay culturas en que basta con un saludo de mano. En la cultura nuestra el abrazo es un gesto apropiado, caluroso y amigable. Significa un movimiento marcado de la exclusión a la inclusión.

En el Nuevo Testamento la imagen del abrazo es poderosa. Los brazos abiertos del padre que recibe al hijo pródigo se mencionan en Juan 10. Los brazos abiertos de Jesús en la cruz, que reciben a la humanidad (Mateo 27:33–56). Éstos nos demuestran el amor y la recepción de Dios hacia toda la humanidad. Nos hablan de la recepción a una comunión divina, preparada desde la fundación del mundo. Incluidos en estas imágenes están el perdón, el arrepentimiento, la sanidad del alma, y la sanidad de las memorias.

La sanidad de nuestros pueblos está a la mano. Los brazos están abiertos. Por ejemplo, el pueblo hispano o latino en este país norteamericano, tiene una historia peculiar. Existen cicatrices históricas que aún no se han sanado. Es un pueblo que lucha por una identidad dentro de una sociedad mayoritaria. Internamente existe una confusión. El mismo nombre hispano o latino, lo indica. Se vive en dos mundos. El mundo hispano o latino de sus padres y el mundo norteamericano donde reside. Como los samaritanos de la Biblia, es un pueblo mixto o mestizo. Los samaritanos ni eran gentiles ni eran judíos; llevaban la sangre de ambos pueblos. Ni los judíos ni los gentiles los identificaban como de su raza.

Con una doble identidad, el hispano o latino sufre por la imposibilidad de unir la vida privada de sus padres con la vida pública de una nación que los considera extranjeros. Hay aquellos que recién han inmigrado y también estamos aquellos que por generaciones hemos vivido en estas tierras.

Es un sentimiento de fragmentación personal y social. ¿Por qué estamos en estas condiciones? Somos un grupo cultural desconectado de nuestras raíces, sentimientos, fuentes, intuiciones e instintos creativos. Por lo tanto, la comunidad de hispanos que busca su identidad se divide de varias maneras: (1) unos viven añorando el pasado, aferrándose a un nacionalismo; (2) otros se han asimilado (parcial o totalmente) a la cultura norteamericana; (3) y todavía otros miran hacia una autodeterminación futura.

Toda persona tiene el derecho de participar en crear su propio ambiente. Tiene el derecho y la capacidad de imaginarse lo que pudiera ser y de tomar acciones para implementar una forma diferente a la que hoy vive.

Esta actitud y este espíritu se sienten en la comunidad hispana. Es un espíritu creador. Es un espíritu transformador, que la iglesia debe sojuzgar y canalizar hacia el crecimiento de la propia iglesia y el desarrollo de la sociedad. El Señor Jesús lo describe muy acertadamente: "Y viendo las multitudes, tuvo compasión de ellas, porque estaban angustiadas y abatidas como ovejas que no tienen pastor" (Mateos 9:36).

Jesús describía a los que lo seguían por una condición más allá de lo físico. Eran las condiciones internas y morales a las que se estaba refiriendo. La compasión de Jesús por esta condición fue el motivo de que Él mismo deseaba llamarse pastor (Juan 10:11, 14). Fue el título más grande que Dios le dio al Mesías (Apocalipsis 7:17).

Bibliografía

Bennis, Warren y Nanus, Burt. *Leaders: Strategies for Taking Charge.* Nueva York: HarperBusiness, 1997.

Burns, James Macgregor. *Leadership.* Nueva York: Harper & Row, 1978.

Clinton, Robert. *The Making of a Leader.* Colorado Springs, Colorado: NavPress, 1988.

Costas, Orlando. *Christ Outside the Gate.* Maryknoll, NY: Orbis Books, 1982.

Engstrom, Ted. *Un líder no nace, se hace.* Minneápolis, Minnesota: Editorial Betania, 1980.

Foster, Richard. *Celebration of Discipline.* Nueva York: HarperCollins, 1978.

González, Justo. *Mañana.* Nashville: Abingdon Press, 1990.

Gutiérrez, Gustavo. *Liberation Theology.* Nueva York: Orbis, 1973.

Houston, Tom. *King David: Lessons on Leadership.* Northampton, United Kingdom: MARC Europe, 1987.

Kilpatrick, Joseph W. "An Application of Transformational Leadership and the Multifactor Leadership Questionnaire Among Assemblies of God Church Leaders in the United States and Mexico". Unpublished dissertation, Doctor of International Business Administration, Nova Southeastern University, 1996.

McKenna, David L. *Power to Follow, Grace to Lead.* Dallas, Tejas: Word Publishing, 1989.

Naisbitt, John. *Megatrends: Ten New Directions Transforming Our Lives.* Nueva York: Warner Books, 1982.

Nouwen, Henri. *Creative Ministry.* Nueva York: Doubleday, 1971.

Sanders, Oswald J. *Spiritual Leadership.* Chicago: Moody Press, 1989.

Shawchuck, Norman y Lindgren, Alvin J. *Management for Your Church.* Indianápolis, Indiana: Organization Resources Press, 1984.

Vila, Samuel. *Diccionario etimológico de sinónimos castellanos.* Terrasa, España: CLIE, 1986.

Willard, Dallas. *The Spirit of the Disciplines.* San Francisco: Harper, 1988.

Yoccou, Raúl Caballero. *El líder conforme al corazón de Dios.* Miami: Editorial Unilit, 1991.